TÍTULOS DE INGLÉS MARÍA GARCÍA

- Inglés de una Vez
- Aprende Inglés Deprisa
- 1000 Palabras Clave
- Inglés Móvil
- 100 Clases para Dominar el Inglés

- El Desafío del Inglés
- Inglés SMS
- Ciudadanía Americana
- Pronunciación Fácil: Las 134 Reglas del inglés Americano
- Inglés Para Hacer Amigos

- Inglés para Redes Sociales
- Inglés en la Escuela
- Inglés para Pacientes
- Habla Sin Acento
- Inglés de Negocios

- Inglés para Viajar
- Inglés para el Auto
- Aprende Inglés con los Famosos

Accede al contenido adicional del curso en
www.MariaGarcia.us

Aprende Inglés Deprisa, de la Teacher de Inglés

Fotografías de cubierta: © Designed by nensuria / Freepik.

1ra. edición: Marzo de 2018. D.R. © 2018.
Derechos reservados de la presente edición en lengua castellana:
American Book Group

ISBN: 978-168-165-666-3
Library of Congress Control Number: 2018932474

La editorial no se responsabiliza por los sitios Web (o su contenido)
que no son propiedad de la misma.

Impreso en Estados Unidos

INGLÉS DEPRISA

¡Accede al contenido extra del curso!
Visita www.MariaGarcia.us

Accede al contenido adicional del curso
en **www.MariaGarcia.us**

Dame tu opinión sobre este libro
y recibirás gratis

UN CURSO DE PRONUNCIACIÓN PARA TU TELÉFONO

Envia un whats app 🟢 con tu nombre a:
+1 (305) 310-1222

Apúntate gratis en **www.mariagarcia.us**

O escríbeme con tu nombre y dirección a:
MARIA GARCÍA. LIBRO AMIGO
P.O. BOX 45-4402
MIAMI, FL 33245-4402

Introducción

¡Hola Amigos!

Tu trabajo, el cuidado de los niños, las tareas en casa, los negocios... todas son labores importantes que no puedes descuidar. Pero ya sabes que, hoy en día, hablar inglés es imprescindible para salir adelante en todas tus actividades.

Por este motivo, quieres aprender inglés. Este curso es la herramienta más práctica y efectiva que existe para aprender el idioma más utilizado en todo el mundo. "Inglés Deprisa" es un curso completo que incluye las expresiones más comunes, apoyado todo con ilustraciones claras que te ayudarán a entender mejor cada concepto.

Si alguna vez te has preguntado: "¿Cómo puedo preguntar a alguien en qué trabaja? ¿Cómo debo expresar si algo me agrada o no? ¿Cuáles son las expresiones más comunes al hablar por teléfono?", ahora cuentas con estas respuestas explicadas en

forma sencilla para que aprendas a dominar el inglés.

Pero esto no es todo, al visitar nuestra página www.mariagarcia.us podrás escuchar, totalmente gratis, los audios que hemos preparado para ti, para enseñarte a pronunciar correctamente cada palabra que leerás en el libro (yendo al mercado, viajando, haciendo nuevas amistades, etc.).

¡Ya no hay excusas! Este método de aprendizaje acelerado, disponible a través de este libro y por medio de tu PC, celular o tablet, te enseñará inglés en forma rápida; así tendrás tiempo para tu familia y para todos los aspectos importantes de tu vida.

¡Bienvenido a mi curso "Inglés Deprisa"!

Con cariño,
María García
La teacher de inglés
www.mariagarcia.us

Índice

Índice

Teacher, ¿cómo debo saludar a la gente?

1 Saludos / Greetings

Cuando dos personas se encuentran, las formas más comunes de saludarse son «Hello!» (¡Hola!), y, de una forma más casual, también se puede decir «Hi!».

Estas son otras opciones:

Si es un saludo por la mañana,

«Good morning!»
(¡Buenos días!)

Si es después del mediodía,

«Good afternoon!»
(¡Buenas tardes!)

Y por la tarde,

«Good evening!»
(¡Buenas tardes! o
¡Buenas noches!,
dependiendo del caso)

"Teacher, ¿Y cómo debo despedirme?"

2 Despedidas / Saying Goodbye

Al despedirnos también podemos utilizar varias expresiones.

Comúnmente decimos

«Goodbye!»
(¡Adiós!)

De una forma más casual puede decirse «Bye» o «Bye-bye».

Otra expresión usada al despedirnos es «See you!» (¡Hasta la próxima!) que puede presentar variaciones, como, por ejemplo:

See you later!
(¡Hasta luego!)

See you soon!
(¡Hasta pronto!)

See you tomorrow!
(¡Hasta mañana!)

Si nos despedimos de alguien por la noche, o si lo hacemos a punto de irnos a dormir, utilizamos «Good night!» (¡Buenas noches!)

"Teacher, ¿cuáles son los pronombres sujeto?"

Veamos a continuación los pronombres sujeto, es decir, aquellos que sustituyen a los nombres de personas, animales, cosas, lugares, etc., y que funcionan como sujeto de la oración.

3 Pronombres Sujeto / Subject Pronouns

Los pronombres sujeto en singular son los siguientes:

I	yo
you	tú, usted
he	él
she	ella
it	-

Por ejemplo:

Robert is American.
Robert es estadounidense.

He is American.
Él es estadounidense.

Sarah speaks English.
Sarah habla inglés.

She speaks English.
Ella habla inglés.

– No olviden que el pronombre «I» siempre se escribe en mayúscula.

I am an American.
Yo soy estadounidense.

– Cuando empleamos «you», en singular, equivale tanto a decir «tú» como a «usted».

You live in Texas.
Tú vives en Texas.
Usted vive en Texas.

– El pronombre «it» se utiliza para designar animales, cosas o lugares. No existe un equivalente en español para este pronombre.

Por ejemplo:

San Francisco is a beautiful city.
San Francisco es una bella ciudad.

It is a beautiful city.
Es una bella ciudad.

Felix is a cat.
Félix es un gato.

It is a cat.
Es un gato.

"Teacher, ¿cómo se utilizan los pronombres cuando se habla de varias personas a la vez?"

4 Pronombres sujeto en Plural / Subject Pronouns in Plural

Estos son los pronombres en forma plural:

we	nosotros, nosotras
you	ustedes
they (*)	ellos, ellas

(*) El pronombre «they» es la forma plural de «he», «she» o «it».

Por ejemplo:

Lenny and Jim are American.
Lenny y Jim son estadounidenses.

They are American.
Ellos son estadounidenses.

The trees and plants are green.
Los árboles y las plantas son verdes.

They are green.
Son verdes.

"Teacher: ¿Cómo debo decir cuando entrego algo a una persona?"

5 Entregando algo a alguien / To give something to someone

Cuando entregamos algo o pagamos algo a alguien, es común utilizar las expresiones «Here you are» o «There you are» (Aquí tiene).

Por ejemplo:

- **The book is $14.95.**
- El libro cuesta $14.95.

- **Ok, here you are.**
- De acuerdo, aquí tiene.

6 Utilizando el verbo «to be» / Using the verb «to be»

El verbo «to be» equivale a los verbos «ser» y «estar».

En presente, se utiliza de la siguiente manera:

I am / yo soy, estoy

you are / tú eres, estás / usted es, está

he is / él es, está

she is / ella es, está

it is / es, está

we are / nosotros/as somos, estamos

you are / ustedes son, están

they are / ellos/as son, están

Por ejemplo:

He is a writer.
Él es un escritor.

He is at the office.
Él está en la oficina.

"Teacher, ¿qué tan importante son los pronombres en inglés?"

---

7 Pronombres Sujeto / Subject pronouns

(cont.)

En español, en muchos casos no utilizamos los pronombres personales, pues al conocer el verbo sabremos quién realiza la acción, pero, en inglés, dichos pronombres sí son esenciales.

Por ejemplo:

(Yo) Soy mexicano.
I am Mexican.

(Tú) Eres estadounidense.
You are American.

(Nosotros) Somos estudiantes.
We are students.

(Ustedes) Están en la biblioteca.
You are at the library.

(Una flor) Está en la mesa.
It is on the table.

(Ella) Es profesora.
She is a teacher.

8 Pronombres Sujeto / Subject pronouns

(cont.)

En algunos casos, el verbo «to be» también puede tener otros significados en español, como «tener», por ejemplo:

You are 22 years old.
Tú tienes (Usted tiene) 22 años.

We are in a hurry.
Nosotros/as tenemos prisa.

They are hungry.
Ellos/as tienen hambre.

I am thirsty.
Tengo sed.

She is lucky.
Ella tiene suerte.

She is hot and I am cold.
Ella tiene calor y yo tengo frío.

"Teacher, ¿cómo debo dar las gracias?"

9 Agradecimientos / To thank someone

Para dar las gracias por algo, decimos:

Thanks!
¡Gracias!

Thank you!
¡Gracias!

Thanks a lot!
¡Muchas gracias!

Thank you very much!
¡Muchas gracias!

Thank you very much, indeed!
¡Muchísimas gracias!

Agradecimientos / To thank someone

(Cont.)

Cuando alguien nos da las gracias, respondemos:

You're welcome!
¡De nada!

Not(hing) at all!
¡De nada!

Don't mention it!
¡No hay de qué!

10 Más ejemplos del verbo «to be» / More examples using the verb «to be»

I am Hector.
Yo soy Héctor.

You are a golfer.
Tú eres (Usted es) un jugador de golf.

It is a box.
Es una caja.

We are Costa Rican.
Nosotros somos costarricenses.

They are French.
Ellos son franceses.

11 Expresiones útiles / Useful expressions

Si solicitamos algo, es recomendable acompañar las frases con «please» (por favor).

Show me your birth certificate, please.
Muéstreme su acta de nacimiento, por favor.

Si hay alguna expresión que no comprendemos, podemos utilizar:

«Excuse me?»
(¿Cómo?)
«Pardon?» (¿Perdón?)

o simplemente,

«What?» (¿Qué?)

y así pedimos que nos lo repitan.

Si debemos disculparnos por algo, debemos decir:

«Sorry» o **«I'm sorry»**
(Lo siento / perdón / disculpe).

12 Conjugando el verbo «estar» / Using the verb "to be"

I am in Chicago.
Yo estoy en Chicago.

He is busy.
El está ocupado.

It is on the table.
Está en la mesa.

You are in the school.
Tú estás (Usted está / Ustedes están) en la escuela.

They are at the office.
Ellos están en la oficina.

13 Más ejemplos de saludos / More greetings examples.

Al saludar, así como para preguntar por alguien, solemos utilizar la expresión:

How are you?
¿Cómo estás?, ¿Cómo está usted?

Para responder podemos decir:

(I'm) fine, thanks.
Estoy bien, gracias.

(I'm) Okay, thanks.
Estoy bien, gracias.

(I'm) very well, thank you.
Estoy muy bien, gracias.

(I'm) great, thank you.
Estoy fenomenal, gracias.

Quite well, thank you.
Perfectamente, gracias.

(I'm) so, so.
Estoy así, así.
(más o menos)

Solemos responder a estas expresiones con «**And you?**» (¿Y tú/usted?).

Por ejemplo:

- How are you?
¿Cómo estás tú? (¿Cómo está usted?)

- Fine, thanks. And you?
- Bien, gracias. ¿Y tú? (¿Y usted?)

14 Contracciones del verbo «to be» en presente / Abbreviated ways to conjugate «to be» in present tense

Ya vimos cómo se conjuga en presente el verbo «to be» en forma afirmativa. Ahora veamos cómo unir el verbo con el sujeto, sustituyendo la primera letra del verbo por un apóstrofe. De esta forma:

I am	I'm	I'm a teacher. Soy un profesor.
you are	you're	You're a good friend. Tú eres un buen amigo.
he is	he's	He's an electrician. Él es un electricista.
she is	she's	She's really intelligent. Ella es muy inteligente.
it is	it's	It's a blue house. Es una casa azul.
we are	we're	We're from Monterrey. Somos de Monterrey.
you are	you're	You're at school. Ustedes están en la escuela.
they are	they're	They're John and Alice. Ellos son John y Alice.

También podemos contraer «is» con el sujeto cuando éste es un nombre propio. Por ejemplo:

Pablo's at home. = Pablo is at home.
Pablo está en casa.

Corina's your sister. = Corina is your sister.
Corina es tu hermana.

"Teacher ¿cómo puedo hacer para presentarme ante alguien?"

15 Presentaciones / Introductions

Para presentarse a sí mismo pueden utilizarse distintas expresiones:

Hello, I'm Gabriel. (informal)
Hola, soy Gabriel.

My name is Teresa. (formal)
Mi nombre es Teresa.

Si se trata de presentar a otra persona se puede decir:

Charles, this is Jennifer. (informal)
Charles, ella es Jennifer.

Let me introduce you to Monica. (formal)
Permítame presentarle a Mónica.

I'd like to introduce you to Robin. (formal)
Me gustaría presentarle a Robin.

Cuando unas personas ya se han presentado, se saludan de la siguiente forma:

(It's) nice to meet you.
(informal)
Mucho gusto /
Encantado de conocerte.

(I'm) pleased / glad to meet you. (informal)
Mucho gusto /
Encantado de conocerte.

How do you do?* (formal)
Es un placer conocerle.

* Esta pregunta se responde formulando la misma pregunta.

"Teacher: ¿Cómo podemos hacer preguntas utilizando el verbo «to be»?"

16 Preguntas con el presente del verbo «to be» / Questions using the verb «to be»

Para hacer preguntas con el verbo «to be», lo colocamos delante del sujeto.

She is your teacher.
Ella es tu maestra.

De esta manera:

Is she your teacher?
¿Es ella tu maestra?

Al escribir, no debemos olvidar que el signo de interrogación sólo se utiliza al final de la pregunta (?).

Is she a dentist?
¿Es ella dentista?

Is it an expensive car?
¿Es un auto caro?

Are we students?
¿Somos estudiantes?

Are they in San Antonio?
¿Están ellos en San Antonio?

Are you Colombian?
¿Son ustedes colombianos?

17 Agradecimientos / To thank someone

Cuando damos las gracias a alguien por algo, usamos la preposición «for» y dicha acción en gerundio (infinitivo + ing).

Por ejemplo:

Thank you for coming.
Gracias por venir.

Thank you for helping me.
Gracias por ayudarme.

Thanks for carrying these boxes.
Gracias por llevar estas cajas.

"Teacher, ¿cuáles son los adjetivos posesivos?"

18 Adjetivos posesivos: my – your (mi -tu/su) / Using possessive adjectives

Estos son los adjetivos que indican posesión y siempre van seguidos de un nombre. Analicemos primero los correspondientes a las dos primeras personas.

I (yo)	my (mi, mis)
you (tú)	your (tu, tus)
you (usted)	your (su, sus, de usted)

Los adjetivos posesivos en inglés son invariables, ya sea que se utilicen con un nombre en singular o en plural.

Por ejemplo:

It's my cat.
Es mi gato.

They're my dogs.
Son mis perros.

My name is John.
Mi nombre es John /
Me llamo John.

This is your notebook.
Esta es tu libreta.

My brothers are Frank and Jim.
Mis hermanos son Frank y Jim.

Your parents are Cuban.
Tus padres son cubanos.

Como vemos, el adjetivo posesivo «your» equivale al posesivo de «tú» y de «usted». En español existe diferencia entre ambos, pues uno es «tu/tus» (tú) y el otro, «su/sus» (usted), pero en inglés será el contexto el que marque dicha diferencia.

Por ejemplo:

Imaginemos que nos mudamos a una nueva ciudad y nos queremos presentar a algunos vecinos.

Si encontramos a un adolescente, le podemos decir:

Hello! I am your new neighbor.
(¡Hola! Soy tu nuevo vecino.)

Aún si se trata de un adulto o de alguien con quien deseemos mantener un tono de formalidad, le diríamos exactamente lo mismo:

Hello! I am your new neighbor.
(¡Hola! Soy su nuevo vecino.)

"Teacher, ¿cuáles son los adjetivos demostrativos?"

19 Adjetivos demostrativos: this, that, these, those / Using demonstrative adjectives

Los adjetivos demostrativos son los que acompañan a un nombre y se utilizan para mostrar la distancia entre el hablante y el objeto del que se habla.

this   este, esta, esto

that   ese, esa, eso, aquel, aquella, aquello

Sus formas en plural son:

these   estos, estas

those   esos, esas, aquellos, aquellas

Estos adjetivos tienen la misma forma con nombres masculinos o femeninos.

Por ejemplo:

This man is my dentist.
Este hombre es mi dentista.

This woman is my teacher.
Esta mujer es mi maestra.

That boy is Lucas.
Ese/Aquel muchacho es Lucas.

That girl is your friend.
Esa/Aquella muchacha es tu amiga.

Ejemplos en plural:

These books are useful.
Estos libros son útiles.

Those girls are Maria and Elizabeth.
Esas/Aquellas muchachas son Maria y Elizabeth.

Debemos considerar que el demostrativo «that» puede contraerse con «is»:

Por ejemplo:

That is my house = That's my house
Esa/Aquella es mi casa.

"Teacher, ¿cuáles son los adjetivos calificativos?"

20 Adjetivos calificativos / Using Adjectives of Quality

Los adjetivos calificativos sirven describir personas, animales, cosas, lugares, circunstancias, etc., señalando sus características. De esta forma, se pueden indicar su color, tamaño, procedencia, peso, aspecto, etc.

Por ejemplo:

She is smart.
Ella es lista.

That girl is very pretty.
Esa muchacha es muy bonita.

No olvidemos que los adjetivos no cambian de género ni número, es decir, son invariables para el masculino, femenino, singular y plural.

Por ejemplo:

This apple is red.
Esta manzana es roja.

These apples are red.
Estas manzanas son rojas.

This library is big.
Esta biblioteca es grande.

These libraries are big.
Estas bibliotecas son grandes.

Cuando los adjetivos acompañan a un nombre, estos siempre lo anteceden.

Por ejemplo:

It's a long flight.
Es un vuelo largo.

They are good singers.
Ellos/as son buenos/as cantantes.

That skinny boy is my cousin.
Ese muchacho delgado es mi primo.

Para dar fuerza a un adjetivo también podemos emplear palabras como por ejemplo: «very» (muy).

That book is very exciting.
Ese libro es muy emocionante.

This is very easy.
Esto es muy fácil.

21 Otras formas de saludos / Using other greeting forms

Aprendamos otras formas de saludarnos y de cómo despedirnos.

Para saludar a alguien:

How are you doing?
¿Cómo estás?

How is it going?
¿Cómo va todo?, ¿Qué tal?

How are things?
¿Cómo van las cosas?

What's up?
¿Qué tal?

Are you all right?
¿Qué tal?

Y podemos responder:

(I'm doing) well, thanks.
Bien, gracias.

(It's going) okay, thank you.
Bien, gracias.

Fine, thank you.
Bien, gracias.

Great! Thank you.
¡Fantástico! Gracias

Para despedirnos de alguien:

Have a nice day!
¡Que tengas un buen día!

Have a nice weekend!
¡Que pases un buen fin de semana!

Till next time!
¡Hasta la próxima!

22 Presente del verbo «to be» (en forma negativa) / Using the verb «to be» to say no to a situation

Al usar el verbo «to be» para decir «no», añadimos

«not» después del verbo. Es muy común el uso de las contracciones, que, en este caso, se pueden realizar de dos maneras, excepto para la primera persona. Veamos estos casos:

I am not	I'm not	yo no soy/estoy
you are not	you aren't you're not	tú no eres/estás / usted no es/está
he is not	he isn't / he's not	él no es/está
she is not	she isn't she's not	ella no es /está
it is not	it isn't / it's not	no es/está
we are not	we aren't we're not	nosotros/as no somos/ estamos
you are not	you aren't you're not	ustedes no son/están
they are not	they aren't they're not	ellos/as no son/están

Por ejemplo:

I'm not Puerto Rican.
No soy puertorriqueño.

You aren't a banker.
Usted no es banquero.

He's not hungry.
Él no está hambriento.

She isn't Monica.
Ella no es Monica.

It isn't my car.
No es mi auto.

We aren't Polish.
No somos polacos.

You're not far.
Ustedes no están lejos.

They aren't available.
Ellos no están disponibles.

23 Invitaciones / Invitations

Al invitar a alguien a entrar a nuestra casa se pueden utilizar estas expresiones:

Come in, please!
Pasa/pase, por favor.

Come on in, please!
Pasa/pase, por favor.

"Teacher: ¿Cómo puedo sugerir algo a alguien?"

24 Sugerencias / Suggestions

Hay varias formas de sugerir algo en inglés.
Una de esas formas es empleando «let's + infinitivo».
En este tipo de sugerencias, quien habla tomará parte en las mismas.

To buy (comprar)
Let's buy some fruit.
Compremos fruta.

To speak (hablar)
Let's speak English!
¡Hablemos inglés!

To go (ir)
Let's go to the supermarket.
Vayamos al supermercado.

"Teacher, ¿cómo se utiliza el gerundio en inglés"

25 El gerundio / Gerund

El gerundio tiene distintas funciones en inglés. Una de ellas es que forma parte de los tiempos continuos. Equivale en español a las formas acabadas en «-ando» e «-iendo» (saltando, corriendo). Se forma añadiendo «-ing» al infinitivo del verbo (infinitivo + ing), aunque a veces se producen ligeros cambios.

La regla general es «infinitivo + ing»:

read + ing = reading
(leer – leyendo)

Si el infinitivo acaba en «e» muda, ésta desaparece al añadir «ing»:

live + ing = living
(vivir – viviendo)

Si el infinitivo acaba en «e» sonora, ésta no desaparece:

see + ing = seeing
(ver – viendo)

Si el infinitivo acaba en «ie», estas vocales cambian a «y»:

lie + ing = lying
(mentir – mintiendo)

Si el infinitivo acaba en «y», ésta permanece y se añade «ing»:

study + ing = studying
(estudiar-estudiando)

Si el infinitivo acaba en la sucesión «consonante-vocal-consonante» y la última sílaba es la acentuada, la última consonante se duplica antes de añadir «ing»:

begin + ing = beginning (comenzar – comenzando)

A continuación veremos el uso del gerundio en el presente continuo y, más adelante, trataremos otras funciones del mismo.

26 El presente continuo / Present continous

El presente continuo se forma con el presente del verbo «to be» y el gerundio del verbo que se trate. Sus formas afirmativa, negativa e interrogativa son:

[To eat: comer]

afirmativa	negativa	interrogativa
I am eating	I'm not eating	Am I eating?
You are eating	You aren't eating	Are you eating?
He is eating	He isn't eating	Is he eating?
She is eating	She isn't eating	Is she eating?
It is eating	It isn't eating	Is it eating?
We are eating	We aren't eating	Are we eating?
You are eating	You aren't eating	Are you eating?
They are eating	They aren't eating	Are they eating?

afirmativa	negativa	interrogativa
Yo estoy comiendo	Yo no estoy comiendo	¿Estoy comiendo?
Tú estás comiendo	Tú no estás comiendo	¿Estás comiendo?
Él está comiendo	Él no está comiendo	¿Está él comiendo?
Ella está comiendo	Ella no está comiendo	¿Está ella comiendo?
Está comiendo	No está comiendo	¿Está comiendo?
Nosotros estamos comiendo	No estamos comiendo	¿Estamos comiendo?
Ustedes están comiendo	Ustedes no están comiendo	¿Están ustedes comiendo?
Ellos están comiendo	Ellos no están comiendo	¿Están ellos comiendo?

El presente continuo indica una acción que está ocurriendo en el momento en que se habla.

Otros ejemplos:

I am talking to you.
Estoy hablando contigo.

Is she calling her aunt now?
¿Está ella llamando a su tía ahora?

The cat is eating.
El gato está comiendo.

It isn't raining.
No está lloviendo.

También indica una acción que transcurre en un momento cercano al actual, aunque no sea en el momento preciso de mencionarlo.

He's reading «100 Years of Solitude».
Él está leyendo «100 años de soledad».

We're studying English.
Estamos estudiando inglés.

27 Países, nacionalidades e idiomas / Countries, nationalities and languages

Países de procedencia / Countries of origin

Para indicar un lugar de procedencia usamos la preposición «from» (de, desde):

I'm from Mexico. I'm Mexican.
Soy de México. Soy mexicano.

He's from Japan. He's Japanese.
Él es de Japón. Es japonés.

We're from the United States. We speak English.
Somos de EEUU. Hablamos inglés.

Countries (países)	Nationalities (nacionalidades)	Languages (idiomas)
The United States	American	English
England	English	English
Canada	Canadian	English/French
Australia	Australian	English
Mexico	Mexican	Spanish
Colombia	Colombian	Spanish
Venezuela	Venezuelan	Spanish
Russian Federation	Russian	Russian
Cuba	Cuban	Spanish
Argentina	Argentinian	Spanish
Spain	Spanish	Spanish
Brazil	Brazilian	Portuguese
Germany	German	German
France	French	French
Italy	Italian	Italian
Japan	Japanese	Japanese
China	Chinese	Chinese

28 Pronombres objeto / Object pronouns

Como sabemos, los pronombres sustituyen los nombres, pero, a diferencia de los pronombres personales sujeto, los pronombres objeto no realizan la acción, sino que la reciben.

Pronombres sujeto (preceden al verbo)	Pronombres objeto (siguen al verbo)	
I	me	(me, a mí)
you	you	(te, a ti, le, a usted)
he	him	(le, lo, a él)
she	her	(le, la, a ella)
it	it	(le, lo, a ello)
we	us	(nos, a nosotros/as)
you	you	(les, los, las, a ustedes)
they	them	(les, los, las, a ellos/as)

Podemos ver que tres pronombres tienen la misma forma, bien sean sujeto u objeto [you (singular), it, you (plural)].

Los pronombres personales objeto se colocan después del verbo:

She is calling me.
Ella me está llamando.

I am showing you.
Te estoy mostrando.

They are giving him a book.
Ellos le están dando un libro (a él).

You are teaching us Spanish.
Tú nos estás enseñando español.

O tras una preposición:

He's looking at us.
Él está mirándonos.

They are going to the movies with her.
Ellos van al cine con ella.

This gift is for you.
Este regalo es para ti (usted).

"Teacher, ¿cómo debo llamar a los miembros de una familia?"

29 La familia / The family

A los miembros de una familia se les llama de la siguiente forma:

parents	padres
children	hijos
son	hijo
daughter	hija
grandparents	abuelos
grandchildren	nietos
husband	esposo
wife	esposa
brother-in-law	cuñado
sister-in-law	cuñada
father-in-law	suegro
mother-in-law	suegra
boyfriend	novio
girlfriend	novia

El artículo indeterminado «a/an» se utiliza delante de un nombre en singular, cuando nos referimos a él por primera vez:

30 El artículo indeterminado «a/an» (un/una) / Using the «a/an» undetermined article

This is a monkey.
Esto es un mono.

He is a boy.
Es un muchacho.

También se usa al hablar de profesiones u ocupaciones (cuando el sujeto sea singular):

Se utiliza «an» antes de las palabras que comiencen por vocal (sonido vocálico) o «h» muda.

It is an eraser.
Es un borrador.

He is an artist.
Él es artista.

She is a teacher.
Ella es profesora.

I'm a student.
Soy estudiante.

En muchos casos equivale a «one» (uno):

I have a bicycle.
Tengo una bicicleta.

Se utiliza «a» antes de las palabras que comienzan por consonante (sonido consonántico):

It is a circle.
Es un círculo.

They have a big hat.
Ellos tienen un sombrero grande.

I work out for an hour.
Hago ejercicio durante una hora.

"Teacher, ¿Cómo se llaman las partes de la cara?"

31 Descripción de la cara / Describing the face

A continuación estudiaremos el vocabulario relativo a las partes de la cara y algunos adjetivos para su descripción.

face: cara

hair: cabello, pelo

forehead: frente

eyebrow: ceja

eyelashes: pestañas

eye: ojo

nose: nariz

ear: oreja

cheek: mejilla

mouth: boca

lips: labios

teeth: dientes

(tooth: diente)

chin: mentón, barbilla

Al hablar sobre el cabello es frecuente usar alguno de los siguientes adjetivos:

black (negro)

dark (oscuro)

brown (castaño)

blond / fair (rubio)

red (pelirrojo)

forma:

straight (liso, lacio)

curly (con chinos, rizado)

wavy (ondulado)

tamaño:

long (largo)

short (corto)

Si hablamos de los ojos, éstos pueden ser:

color:

brown (cafés)

blue (azules)

green (verdes)

black (negros)

tamaño:

big (grandes)

small (pequeños)

Cuando usemos varios de estos adjetivos en una frase, el orden de dichos adjetivos será: «tamaño – forma – color»

She has long curly brown hair.
Ella tiene el pelo largo, rizado y castaño.

I have big green eyes.
Tengo los ojos grandes y verdes.

32 Presente del verbo «to have» (tener, haber) / «To have» y «have got»

Por el momento vamos a considerar a «to have» como «tener». La forma afirmativa del presente del verbo «to have» es:

I have / yo tengo

you have / tú tienes, usted tiene

he has / él tiene

she has / ella tiene

it has / tiene

we have / nosotros/as tenemos

you have / ustedes tienen

they have / ellos/as tienen

Podemos ver que el verbo «have» es igual para todas las personas, excepto para la tercera del singular (he, she, it), que es «has».

Por ejemplo:

I have a mother and a father.
Tengo una madre y un padre.

She has an old car.
Ella tiene un auto antiguo.

They have a rabbit.
Ellos tienen un conejo.

Los verbos «to have» y «to have got» son sinónimos. Así, podemos decir:

We have a small farm.
Tenemos una granja pequeña.

We have got a small farm.
Tenemos una granja pequeña.

She has big red lips.
Ella tiene los labios grandes y rojos.

She has got big red lips.
Ella tiene los labios grandes y rojos.

En la forma afirmativa hay una pequeña diferencia entre ellos: «to have» no se puede contraer con el sujeto pero «to have got», sí. Las contracciones son «'ve got» (have got) y «'s got» (has got).

Por ejemplo:

**We've got a small farm.
She's got big red lips.**

«To have» y «to have got» también son un poco diferentes en negaciones. Así:

**I don't have a pony.
I haven't got a pony.**
Yo no tengo un pony.

**She doesn't have a new computer.
She hasn't got a new computer.**
Ella no tiene una nueva computadora.

**Do you have a debit card?
Have you got a debit card?**
¿Tienes una tarjeta de debito?

**Does he have a sister?
Has he got a sister?**
¿Tiene él una hermana?

En este punto hay que tener cuidado de no confundir la contracción de «is» con la de «has (got)», ya que ambas son iguales: «'s». Por ejemplo:

He's a good photographer. (is)
Él es un buen fotográfo.

He's got a camera. (has)
Él tiene una cámara.

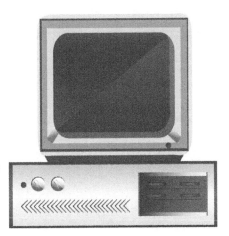

43

33 Números del 1 al 50 /
Numbers from 1 to 50.

1 one	11 eleven	21 twenty-one
2 two	12 twelve	22 twenty-two
3 three	13 thirteen	23 twenty-three
4 four	14 fourteen	24 twenty-four
5 five	15 fifteen	30 thirty
6 six	16 sixteen	31 thirty-one
7 seven	17 seventeen	37 thirty-seven
8 eight	18 eighteen	40 forty
9 nine	19 nineteen	49 forty-nine
10 ten	20 twenty	50 fifty

Observemos que a partir del número 21, entre las decenas y las unidades aparece un guión.

34 Adjetivos posesivos /
Possessive adjectives

Como ya indicamos anteriormente, estos adjetivos indican posesión y siempre acompañan a un nombre. Ya estudiamos dos de ellos (my, your), pero a continuación los trataremos todos.

my	mi, mis	
your	tu, tus, su, sus (de usted)	
his	su, sus (de él)	
her	su, sus (de ella)	
its	su, sus (de ello)	
our	nuestro/a/os/as	
your	su, sus (de ustedes)	
their	su, sus (de ellos/as)	

Por ejemplo:

That's your napkin.
Esa es tu servilleta.

Peter isn't his friend.
Peter no es su amigo.

Her name is Anita.
Su nombre (de ella) es Anita.

Is this our group?
¿Es este nuestro grupo?

Roberto is their grandson.
Roberto es su nieto (de ellos).

"Teacher: ¿Cómo hago para preguntar la edad de una persona?"

---

35 Preguntar y responder acerca de la edad / Asking about someone's age

Para preguntar la edad de una persona usamos «how old?» (¿qué edad?) y el verbo «to be»:

How old are you?
¿Qué edad tienes?

How old is Anita?
¿Qué edad tiene Anita?

Ante lo cual se responde:

I am twenty-eight (years old).
Tengo 28 años.

My sister is thirty-nine (years old).
Mi hermana tiene 39 años.

Ya habíamos aprendido que el verbo «to be» podía equivaler a «tener» en algunas expresiones, como ocurre en este caso, al hablar sobre la edad.

36 Los verbos «to be like» y «to look like» / "To be like" vs. "To look like"

Utilizamos estos verbos para indicar «parecerse a / ser como», pero «to be like» se refiere a la personalidad o al carácter, mientras que «to look like» se refiere al parecido físico.

Por ejemplo:

She is like her aunt: shy and quiet.
Ella es como su tia: tímida y callada.

We look like our mother.
Nos parecemos físicamente a nuestra mamá.

"Teacher, ¿cómo hago para describir a una persona?"

37 Adjetivos relativos a la personalidad y al aspecto físico / Adjectives describing personality and personal appearance

Para hablar de la personalidad de una persona se pueden emplear los siguientes adjetivos (entre otros):

shy	tímido
extroverted	extrovertido
quiet	callado, tranquilo
talkative	hablador
nice	simpático, agradable
funny	divertido, chistoso
intelligent	inteligente
cheerful	alegre
absent-minded	distraído

Para hablar del aspecto físico de alguien podemos emplear estos adjetivos (entre otros):

tall	alto
short	bajo
thin, slim	delgado
overweight	gordo
handsome (hombre)	bello
pretty	bella (mujer)
ugly	feo

Por ejemplo:

They are very intelligent.
Ellos son muy inteligentes.

She looks like me. We are tall and thin.
Ella se parece a mí.
Somos altas y delgadas.

Inés is very funny.
Inés es muy divertida.

Laura is pretty but she is quiet.
Laura es linda pero es callada.

"Teacher, ¿cómo puedo preguntar a alguien en qué trabaja?"

38 Preguntar y responder sobre trabajo / Asking and answering questions about a job

Para preguntar a alguien en qué trabaja, podemos utilizar:

What is your job? = What's your job?

¿Cuál es tu trabajo?

What do you do?
¿Qué haces?, ¿A qué te dedicas?

Y a ambas preguntas se puede responder: «I am a + profesión».

I am a student (teacher, painter, etc.)
Soy estudiante (profesor, pintor, etc.)

Recuerda que al hablar de profesiones u ocupaciones hay que colocar el artículo «a/an» delante de la profesión, siempre que el sujeto sea una sola persona. Este artículo no se traduce en español.

Por ejemplo:

What's your job? I'm a doctor.
¿Cuál es tu trabajo? Soy doctora.

What's her job? She's an artist.
¿Cuál es su trabajo? Ella es artista.

Pero este artículo no aparece cuando el sujeto es plural:

What's their job? They are engineers.
¿Cuál es su trabajo (de ellos)? Ellos son ingenieros.

39 El presente simple / The present tense

Ya conocemos algunos verbos en presente:

My mother is a teacher.
Mi madre es profesora.

They have three children.
Ellos tienen tres hijos.

A continuación veremos que el presente simple de los verbos se usa para expresar acciones habituales o rutinarias.

En frases afirmativas se forma con el infinitivo del verbo (sin «to»), que es invariable para todas las personas, excepto para la 3ª persona del singular (he, she, it), donde se añade una «s».

Por ejemplo:

[To eat: comer]

I eat	yo como
you eat	tú comes, usted come
he eats	él come
she eats	ella come
it eats	come
we eat	nosotros/as comemos
you eat	ustedes comen
they eat	ellos/as comen

We eat a lot of meat.
Nosotros comemos mucha carne.

She lives in Tamaulipas.
Ella vive en Tamaulipas.

I play soccer.
Yo juego al fútbol.

He works from Monday to Friday.
Él trabaja de lunes a viernes.

The girl drinks a lot of water.
La niña bebe mucha agua.

They study English.
Ellos estudian inglés.

En frases negativas se utiliza el auxiliar «don't» delante del infinitivo para todas las personas, excepto para la 3ª persona del singular (he, she, it), que usa «doesn't». En este último caso, el infinitivo no añade «s». Tanto «don't» como «doesn't» equivalen a «no» en español.

Por ejemplo:

I don't like lemonade.
No me gusta la limonada.

You don't live in Tampico.
Tú no vives en Tampico.

He doesn't play the violin.
Él no toca el violín.

She doesn't get up at six.
Ella no se levanta a las seis.

The machine doesn't work properly.
La máquina no funciona correctamente.

We don't study Italian.
No estudiamos italiano.

You don't do workout.
Ustedes no hacen ejercicio.

They don't work in Miami.
Ellos no trabajan en Miami.

En preguntas se coloca el auxiliar «do» delante del sujeto, o «does» si es 3ª persona del singular (he, she, it), y el verbo en infinitivo. En este caso, ni «do» ni «does» tienen traducción en español, sino que son la marca de pregunta.

Por ejemplo:

Do I spend a lot of money?
¿Gasto mucho dinero?

Do you understand?
¿Comprendes?

Does he have a red motorcycle?
¿Tiene él una motocicleta roja?

Does she like fruit?
¿Le gustan las frutas (a ella)?

Does it rain in spring?
¿Llueve en primavera?

Do we go to bed early?
¿Nos vamos a la cama temprano?

Do you speak Spanish?
¿Hablan ustedes español?

Do they watch television?
¿Ven ellos la televisión?

> "Teacher: ¿Cómo debo dirigirme a mis invitados al darles la bienvenida?"

40 Expresiones al recibir invitados / How to welcome guests

Al recibir invitados en casa podemos utilizar distintas expresiones:

Al recibirlos:

Welcome to my home!
¡Bienvenido/s a mi casa!

Come in, please!
¡Pase/n, por favor!

Can I take your coat?
¿Pueden darme sus abrigos?

Let me take your umbrellas.
Permítanme sus paraguas.

Al invitarlos a que se sirvan comida o bebida:

Si es una persona:

Help yourself!
¡Sírvete! / ¡Sírvase! (usted)

Si son varias personas:

Help yourselves!
¡Sírvanse! (ustedes)

Si añadimos la comida o bebida, aparece «to»:

Help yourselves to a drink, please.
Sírvanse algo para beber, por favor.

Para mostrarles la vivienda:

I'll show you around the house. (informal)
Te mostraré la casa.

Allow me to show you around the house. (formal)
Permítanme mostrarle la casa.

Los invitados pueden corresponder con expresiones como éstas:

¡Qué + nombre + más / tan + adjetivo!

What + a/an + adjetivo + nombre!

What a lovely house!
¡Qué casa más bonita!

What a nice view!
¡Qué vista tan bella!

What an expensive painting!
¡Qué pintura tan cara!

Pero si el nombre es plural, no aparece el artículo «a».

What big rooms!
¡Qué habitaciones tan grandes!

What beautiful paintings!
¡Qué pinturas tan bonitas!

41 Adverbios de frecuencia / Adverbs of frequency

Empleamos adverbios para indicar la frecuencia con la que tiene lugar una acción.

Entre ellos están:

always: siempre

generally: generalmente

usually: normalmente

sometimes: a veces

rarely: pocas veces

hardly ever: casi nunca

never: nunca

Se colocan detrás del verbo «to be», si éste aparece en la frase, o delante del verbo, si éste es otro.

Por ejemplo:

I am usually at work at eight.
Normalmente estoy en el trabajo a las ocho.

You rarely wash your car.
Lavas tu auto pocas veces.

He is never late.
Él nunca llega tarde.

Does she always buy this perfume?
¿Ella siempre compra este perfume?

They sometimes watch soap operas on TV.
Ellos a veces ven las telenovelas en TV.

El adverbio «sometimes» también se puede usar al principio o al final de la oración.

I sometimes go to the gym.
A veces voy al gimnasio.

Sometimes I go to the gym.
A veces voy al gimnasio.

I go to the gym sometimes.
A veces voy al gimnasio.

"Teacher, ¿qué son los pronombres interrogativos?"

42 Pronombres interrogativos / Interrogative pronouns

Los pronombres interrogativos son palabras que utilizamos al principio de las preguntas para hacer un cuestionamiento.

What?	¿Qué?, ¿Cuál?
Who?	¿Quién?
Where?	¿Dónde?
When?	¿Cuándo?
Why?	¿Por qué?
Whose?	¿De quién?
Which?	¿Qué?, ¿Cuál?
How?	¿Cómo?

Por ejemplo:

What is your name?
¿Cuál es tu nombre?

Who is that person?
¿Quién es esa persona?

Where is the car?
¿Dónde está el auto?

When is your birthday?
¿Cuándo es tu cumpleaños?

Why are they here?
¿Por qué están ellos aquí?

Whose are those books?
¿De quién son esos libros?

Which is your pencil?
¿Cuál es tu lápiz?

How are you?
¿Cómo estás?

43 Partes del día / Parts of the day

Para expresar las distintas partes día se usan estas expresiones:

in the morning
por la mañana

in the afternoon
por la tarde

in the evening
por la noche
(equivale a la tarde-noche)

at night
por la noche

I usually get up at seven in the morning.
Normalmente me levanto a las siete de la mañana.

They work in the afternoon.
Ellos trabajan por la tarde.

She comes back home in the evening.
Ella vuelve a casa por la tarde-noche.

People sleep at night.
La gente duerme por la noche.

44 La tercera persona del singular del presente simple / Third person singular in simple present tense

Como ya vimos anteriormente, la 3ª persona del singular (he, she, it) del presente simple, en frases afirmativas, se forma añadiendo una «-s» al infinitivo del verbo. Ésta es la regla general, pero hay algunas excepciones:

Si el infinitivo acaba en –s, -sh, -ch, -x, -o, –z, se añade «-es».

To pass (aprobar):
He always passes his exams.
Él siempre aprueba sus exámenes.

To wash (lavar):
She washes her hair every day.
Ella lava su pelo todos los días.

To do (hacer):
He never does his homework.
El nunca hace sus deberes.

To go (ir):
My brother goes to work by car.
Mi hermano va a trabajar en auto.

Si el infinitivo acaba en «-y» precedida de vocal se añade «-s», pero si va precedida de una consonante, la «y» se transforma en «i» y se añade «-es».

To play (jugar, tocar un instrumento):

She plays tennis.
Ella juega al tenis.

To cry (llorar):

She cried in the movie.
Ella lloró durante la película.

45 Preguntar la frecuencia con que se realizan acciones / Using «how often?»

Para preguntar por la frecuencia con que tienen lugar las acciones utilizamos «how often?» (¿con qué frecuencia?).

How often do you go to the movies?
I rarely go to the movies.

¿Con qué frecuencia vas al cine?
Voy poco (pocas veces) al cine.

How often does he play soccer?
He never plays soccer.

¿Con qué frecuencia juega él al fútbol?
Él nunca juega al fútbol.

How often does it rain here?
It usually rains here.

¿Con qué frecuencia llueve aquí?
Normalmente llueve aquí.

Una forma de responder a estas preguntas es con los adverbios de frecuencia, que estudiamos anteriormente, pero otra forma es indicando la cantidad de veces que tiene lugar la acción.

Por ejemplo:

once una vez

twice dos veces

A partir de «tres veces» se usa el número y la palabra «times» (veces):

three times tres veces

seven times siete veces

Pero para indicar la cantidad de veces que se realiza la acción en un período de tiempo, se utiliza el artículo «a» y dicho período de tiempo:

once a month
una vez al mes

twice a year
dos veces al año

four times a week
cuatro veces a la semana

Por ejemplo:

How often do you visit your grandparents? I visit them four times a month.
¿Con qué frecuencia visitas a tus abuelos? Los visito cuatro veces al mes.

How often does she go to the gym? She goes to the gym twice a week.
¿Con qué frecuencia va ella al gimnasio? Ella va al gimnasio dos veces a la semana.

"Teacher, ¿cómo debo expresar si algo me agrada o me desagrada?"

46 Expresar agrado y desagrado / Expressing pleasure and displeasure

Para expresar que algo o una acción nos agrada o desagrada utilizamos los siguientes verbos:

love (encantar)

like (gustar)

enjoy (disfrutar [de])

hate (odiar)

Estos verbos pueden ir seguidos de un nombre o un pronombre.

Por ejemplo:

I love antique cars.
I love them.
Me encantan los autos antiguos.
Me encantan (ellos).

She likes tea.
She likes it.
A ella le gusta el café.
A ella le gusta.

We don't like beer.
We don't like it.
No nos gusta el cerveza.
No nos gusta.

They enjoy their free time. They enjoy it.
Ellos disfrutan de su tiempo libre. Ellos lo disfrutan.

Your mother hates mice. Your mother hates them.
Tu madre odia los ratones. Tu madre los odia.

También pueden ir seguidos de un verbo, es decir, de una acción. En este caso, esta acción se expresa en gerundio (infinitivo + ing), aunque en español suela expresarse en infinitivo.

Por ejemplo:

Your brother loves reading.
A tu hermano le encanta leer.

I like getting up late.
Me gusta levantarme tarde.

He doesn't like singing.
A él no le gusta cantar.

Does she enjoy dancing?
¿Disfruta ella bailando?

They hate waiting.
Ellos odian esperar.

47 Actividades físicas y deporte / Physical Activities & Sports

Para expresar actividades físicas y deportes usamos diferentes verbos, dependiendo de la actividad.

Por ejemplo:

Si se practica con pelota, se usa el verbo «to play»:

Si no se practica con pelota, se usa el verbo «to go» y la actividad en gerundio:

play soccer
jugar al fútbol

play basketball
jugar al baloncesto

play baseball
jugar al béisbol

play tennis
jugar al tenis

He plays basketball on weekends.
Él juega al baloncesto los fines de semana.

go swimming
(ir a) nadar

go skating
(ir a) patinar

go horseback-riding
(ir a) montar a caballo

go cycling
(ir a) montar en bicicleta

My sister goes swimming once a week.
Mi hermana va a nadar una vez a la semana.

Para otras actividades se utiliza «to do»:

do yoga
hacer yoga

do pilates
hacer pilates

do exercise
hacer ejercicio

do judo, karate, etc.
practicar judo, karate, etc.

I usually do pilates in the morning.
Normalmente hago pilates por la mañana.

48 «Also», «too» y «as well» (también)

Tanto «also» como «too» y «as well» significan «también». La diferencia radica en su posición en la frase.

«Also» se utiliza antes del verbo:

Por ejemplo:

They have two cars and they also have a boat.
Ellos tienen dos coches y también tienen un barco.

I like soccer and I also
like football.
Me gusta el fútbol y
también me gusta fútbol
americano.

«Also» se coloca detrás del
verbo si éste es «to be»:

She is also living here.
Ella también está viviendo
aquí.

Your parents are also
Mexican.
Tus padres son también
mexicanos.

«Too» y «as well» se colocan al
final de la oración:

They love holidays.
I love them too.
A ellos les encantan los
feriados.
A mí me encantan, también.

I speak English and
Spanish as well.
Hablo inglés y también
español.

Julia enjoys skiing and
playing tennis too.
Julia disfruta esquiando y
también jugando al tenis.

We like hamburgers and
hot dogs as well.
Nos gustan las
hamburguesas y también
los hot dogs.

49 Información sobre el trabajo / Information about work

Anteriormente ya estudiamos cómo preguntar acerca del trabajo:

What's your job?
¿Cuál es tu trabajo?

What do you do?
¿A qué te dedicas? /
¿Qué haces?

What does she do?
¿A qué se dedica ella?

A estas preguntas se les puede responder con:

I'm a plumber.
Soy plomero.

I work as a plumber.
Trabajo como plomero.

She's an accountant.
Ella es contadora.

She works as an accountant.
Ella trabaja como contadora.

Y se puede añadir información:

I fix drains, faucets, gas pipes, etc.
Arreglo desagües, grifos, cañerías de gas, etc.

She prepares tax returns.
Ella prepara declaraciones de impuestos.

Si se quiere decir para quién o para qué empresa se trabaja se utiliza la preposición "for".

I work for «Ikea»
Trabajo para «Ikea».

She works for a French company.
Ella trabaja para una compañía francesa.

50 Respuestas cortas / Short answers

Son aquellas que se suelen utilizar cuando la pregunta se responde con un «sí» o un «no». Para ello la pregunta ha de comenzar con un auxiliar. Hasta ahora, los auxiliares que conocemos son el verbo «to be» y la partícula «do/does» [no confundir con el verbo «to do» (hacer), que no es auxiliar].

Por ejemplo:

Are they Italian?
¿Son ellos italianos?

Do you speak English?
¿Hablas inglés?

Al responder a estas preguntas de forma afirmativa, utilizamos «Yes», el pronombre sujeto que corresponda y el auxiliar, que será afirmativo.

Por ejemplo:

Are they Italian?
Yes, they are.

Do you speak English?
Yes, I do.

Does he live in Mexico City?
Yes, he does.

En estos casos, la traducción de la respuesta corta puede ser simplemente «Sí».

En respuestas cortas, el auxiliar «to be» no se puede contraer con el sujeto.

Por ejemplo:

Is he an artist?
Yes, he is. (NO: he's)
¿Es él artista? Sí (lo es).

Are you at work?
Yes, I am. (NO: I'm)
¿Estás en el trabajo? Sí (lo estoy).

Al responder a las preguntas cortas de forma negativa utilizamos «No», el pronombre sujeto que corresponda y el auxiliar, que será negativo.

Por ejemplo:

Is he a dentist? No, he isn't.
¿Él es dentista? No, (no lo es).

Do they have a car? No, they don't.
¿Tienen ellos auto? No, (no lo tienen).

El auxiliar y la negación pueden ir contraídos o no, aunque se suelen usar de forma contraída.

Por ejemplo:

Is she your mother?
No, she isn't / No, she is not.

Does your father smoke?
No, he doesn't. / No, he does not.

Como ejemplos de respuestas cortas afirmativas y negativas, tenemos:

Are you studying English? Yes, I am.
¿Estás estudiando inglés? Sí.

Is he from San Luis? No, he isn't.
¿Es él de San Luis? No.

Am I a teacher? Yes, you are.
¿Soy profesor? Sí (lo eres).

Are they playing tennis? No, they aren't.
¿Están ellos jugando al tenis? No.

Do you usually watch TV? Yes, I do.
¿Ves normalmente la TV? Sí.

Does it rain in winter? Yes, it does.
¿Llueve en invierno? Sí.

Do they have a cat? No, they don't.
¿Tienen ellos un gato? No.

Does she get up early? No, she doesn't.
¿Ella se levanta temprano? No.

"Teacher, ¿cómo puedo hablar de mis pasatiempos favoritos?"

51 Hobbies o Pasatiempos / Hobbies & Pastimes

Para preguntar o hablar de los pasatiempos podemos usar alguna de estas estructuras:

What are your hobbies?
¿Cuáles son tus hobbies?

What do you do in your free/spare time?
¿Qué haces en tu tiempo libre?

A estas preguntas se les puede reponder:

My hobbies are: going to the movies, listening to music and dancing.
Mis hobbies son: ir al cine, escuchar música y bailar.

In my spare time I go swimming.
En mi tiempo libre voy a nadar.

I like playing cards with my friends.
Me gusta jugar a las cartas con mis amigos.

Si preguntamos por una actividad o pasatiempo en particular podemos responder de forma corta:

Do you like studying? Yes, I do.
¿Te gusta estudiar? Sí, me gusta.

Does she like soccer? No, she doesn't.

¿Le gusta el fútbol a ella? No, no le gusta.

52 Preguntas con pronombres interrogativos / Questions with interrogative pronouns

Los pronombres interrogativos ya fueron tratados

anteriormente, pero ahora los estudiaremos con más detalle. Como ya dijimos, estos pronombres son palabras que utilizamos al principio de las preguntas para demandar información acerca de cosas, personas, lugares, momentos, etc.

What?	¿Qué?, ¿Cuál?
Who?	¿Quién?
Where?	¿Dónde?
When?	¿Cuándo?
Why?	¿Por qué?
Whose?	¿De quién?
Which?	¿Qué?, ¿Cuál?
How?	¿Cómo?

Los pronombres interrogativos se colocan al principio de la pregunta, delante del auxiliar («to be» o «do/does»).

Por ejemplo:

What do you do?
¿Qué haces?, ¿A qué te dedicas?

Who is your boss?
¿Quién es tu jefe?

Where do you live?
¿Dónde vives?

When is your birthday?
¿Cuándo es tu cumpleaños?

Why are you studying English?
¿Por qué estás estudiando inglés?

Whose are those books?
¿De quién son esos libros?

Which is your coat?
¿Cuál es tu abrigo?

How do you go to work?
¿Cómo vas al trabajo?

Los pronombres interrogativos también van delante de «to be» en preguntas con el presente continuo:

Por ejemplo:

What are you doing?
¿Qué estás haciendo?

Where is he going?
¿Dónde va él?

Estas preguntas no se pueden responder con un «sí» o un «no», por lo que no se pueden usar las respuestas cortas, sino que se necesitan respuestas más elaboradas.

Por ejemplo:

Where do you live?
I live in Puerto Rico.
¿Dónde vives? Vivo en Puerto Rico.

What are you doing? I'm studying.
¿Qué estás haciendo? Estoy estudiando.

How are you? I'm fine, thanks.
¿Cómo estás? Estoy bien, gracias.

«What», «who» y «where» pueden formar contracciones con «is»:

What is = What's
What's your name?
¿Cuál es tu nombre?

Who is = Who's
Who's that woman?
¿Quién es esa mujer?

Where is = Where's
Where's the car?
¿Dónde está el auto?

"Teacher, ¿qué frases puedo utilizar para mostrarme interesado por algo?"

53 Expresiones útiles / Useful expressions

Para mostrar interés por algún tema o comentario se puede decir:

Sounds good!
¡Suena bien!

Sounds interesting!
¡Suena interesante!

Sounds like a lot of fun!
¡Suena muy divertido!

Estas expresiones no precisan del sujeto («it»).

Por ejemplo:

Carlos: I work as a translator.
Carlos: Soy traductor.

Mike: Sounds interesting!
Mike: Suena interesante.

> ## "Teacher, ¿cómo puedo preguntar por el significado de algo?"

54 Preguntar significados / Asking meanings

Para preguntar por el significado de alguna palabra o expresión podemos usar distintas fórmulas:

[To mean: significar]

Por ejemplo:

What does «grammar» mean?
¿Qué significa «grammar»?

What is the meaning of «grammar»?
¿Cuál es el significado de «grammar»?

Para responder:

It means... Significa...

«Grammar» means...
«Grammar» significa...

Si lo que queremos es que nos repitan algo que no hemos entendido:

[To understand: entender, comprender]

[To repeat: repetir]

Por ejemplo:

Sorry, I don't understand.
Disculpe, no entiendo.

Can you repeat that, please?
¿Puedes repetir, por favor?

Can you speak more slowly, please?
¿Puedes hablar más despacio, por favor?

Estas últimas preguntas podrían ser más formales si sustituimos «can» por «could»:

Could you repeat that, please?
¿Podría usted repetir, por favor?

Could you speak more slowly, please?
¿Podría hablar más despacio, por favor?

55 Expresar habilidad / Expressing Ability

La manera más común de expresar habilidad es por medio del verbo «can» (poder, saber).

«Can» es un verbo modal, auxiliar, con unas características peculiares. En primer lugar, no admite la partícula «to» ni delante ni detrás de él, por lo que precede a un infinitivo sin dicha partícula.

I can swim.
Sé nadar.

I can drive a bus.
Sé (puedo) conducir un autobús.

He can teach Spanish.
Él sabe (puede) enseñar español.

We can run very fast.
Podemos correr muy rápido.

You can solve this problem.
Tú sabes (puedes) resolver este problema.

They can understand.
Ellos pueden comprender.

Otra peculiaridad es que tiene la misma forma para todas las personas. No admite «s» en 3ª persona del singular (he, she, it). Así, en frases afirmativas:

I can	yo sé, puedo
you can	tú sabes, puedes / usted sabe, puede
he can	él sabe, puede
she can	ella sabe, puede
it can	sabe, puede
we can	nosotros/as sabemos, podemos
you can	ustedes saben, pueden
they can	ellos/as saben, pueden

En frases negativas añadimos «not» detrás de «can». La negación admite tres formas: **can not / cannot / can't.** De ellas, la más usual es la forma contraída.

I can't speak Italian.
No sé hablar italiano.

He cannot sing.
Él no sabe cantar.

We cannot play the piano.
No sabemos tocar el piano.

You can't dance salsa.
Ustedes no saben bailar salsa.

They can't use that computer.
Ellos no saben usar esa computadora.

En frases interrogativas, al tratarse de un verbo auxiliar, «can» invierte el orden con el sujeto:

He can play baseball.
Can he play baseball?

Can you skate?
¿Sabes patinar?

Can they sing opera?
¿Saben ellos cantar ópera?

What can you do?
¿Qué sabes hacer?, ¿Qué puedes hacer?

What languages can you speak?
¿Qué idiomas sabe usted hablar?

Can she use a computer?
¿Sabe ella usar una computadora?

Para responder de forma corta usaremos «Yes» o «No», el sujeto y «can» o «can't».

Can you play chess? Yes, I can.
¿Sabes jugar al ajedrez? Sí, (sé).

Can he teach German? No, he can't.
¿Sabe él enseñar alemán? No, (no sabe).

Can we build a house? No, we can't.
¿Sabemos construir una casa? No, (no sabemos).

Can they make an omelette? Yes, they can.
¿Saben ellos hacer una tortilla? Sí, (saben).

Veamos a continuación otras expresiones que denotan habilidad:

To be (very) good at
ser bueno, dársele bien hacer algo

To be (very) bad at
ser malo, dársele mal hacer algo

I am very good at tennis.
Se me da bien el tenis.

She isn't good at mathematics.
Ella no es buena en matemáticas.

They're bad at French.
Se les da mal el francés. (Son malos en francés).

Si en lugar de sustantivos usamos acciones (verbos) tras dichas expresiones, éstas han de expresarse en gerundio:

I'm bad at cooking.
Soy malo cocinando. / No se me da bien cocinar.

He's very good at swimming.
Él es muy bueno nadando.

We aren't good at singing.
No se nos da bien cantar.

"Teacher, ¿cómo debo hacer para indicar que debo hacer algo?"

56 Expresar obligación / Having to do something

Una de las maneras de expresar obligación en inglés es por medio del verbo «have to» (tener que).

I have to do my homework.
Tengo que hacer mis deberes.

«Have to» va siempre seguido de un infinitivo.

La forma afirmativa en presente es:

I have to
yo tengo que

you have to
tú tienes que / usted tiene que

he has to
él tiene que

she has to
ella tiene que

it has to
tiene que

we have to
nosotros/as tenemos que

you have to
ustedes tienen que

they have to
ellos/as tienen que

La forma negativa es «don't / doesn't have to».

Esta forma implica falta de obligación, es decir, que no es necesario hacer algo.

Por ejemplo:

I don't have to get up early on Sundays.
No tengo que madrugar los domingos.

You don't have to go.
No tienes que ir (no es necesario que vayas).

She doesn't have to take that plane.
Ella no tiene por qué tomar ese avión.

We don't have to buy a new house.
No tenemos que comprar una casa nueva.

They don't have to clean.
Ellos no tienen que limpiar (no es necesario que limpien).

En estos casos, «have to» no se puede contraer con el sujeto.

Por ejemplo:

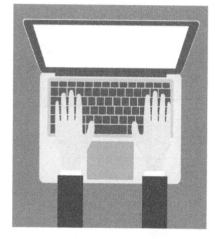

You have to buy a laptop.
Tienes que comprar una computadora portátil.

She has to study hard.
Ella tiene que estudiar duro.

We have to visit the zoo.
Tenemos que visitar el zoológico.

They have to get up early.

Ellos tienen que levantarse temprano.

He has to see this.
Él tiene que ver esto.

Para realizar preguntas se usa «do/ does» delante del sujeto y «have to»:

Do you have to send an email?
¿Tienes que enviar un correo electrónico?

Does she have to help you?
¿Tiene ella que ayudarte?

Do I have to stay here?
¿Tengo que quedarme aquí?

What do we have to do?
¿Qué tenemos que hacer?

Where does he have to go?
¿Dónde tiene que ir él?

Para responder de forma corta:

Do you have to work overtime?
¿Tienes que trabajar horas extras?

Yes, I do   Sí

No, I don't   No

Does he have to call for technical support?
¿Tiene él que llamar al servicio técnico?

Yes, he does   Sí

No, he doesn't   No

57 Profesiones / Jobs

lawyer:	abogado/a
gardener:	jardinero/a
architect:	arquitecto/a
veterinarian:	veterinario/a
fireman:	bombero
translator:	traductor/a
taxi driver:	taxista
secretary:	secretario/a
butcher:	carnicero/a
teacher:	profesor/a
baker:	panadero/a
policeman:	policía
postman:	cartero

painter:	pintor/a
scientist:	científico/a
pilot:	piloto
cook:	cocinero/a
journalist:	periodista
salesperson:	dependiente/a
mechanic:	mecánico
electrician:	electricista
student:	estudiante
bank clerk:	empleado/a de banco
manager:	gerente
plumber:	plomero/a
engineer:	ingeniero/a
hairdresser:	peluquero/a

Recordemos que cuando el sujeto es singular hemos de utilizar «a» antes de la profesión.

She is a nurse.
Ella es enfermera.

They are nurses.
Ellas son enfermeras.

Vamos a estudiar algunos adjetivos acerca del trabajo, pero antes vamos a tratar dos palabras que pueden llevar a confusión: «work» y «job».

«Work» significa «trabajo» y es un término con significado general. También se usa como verbo (to work: trabajar).

«Job» también significa «trabajo», pero como «empleo» o «puesto de trabajo». No se puede usar como verbo.

Entre los adjetivos que pueden describir un trabajo están:

interesting / interesante
boring / aburrido
difficult / difícil
easy / fácil
tiring / cansado
relaxing / relajante
hard / duro
risky / arriesgado
safe / seguro

dangerous / peligroso
amusing / entretenido
demanding / absorbente

Estos adjetivos pueden ir delante del sustantivo:

I have an amusing job.
Tengo un trabajo entretenido.

He has a boring job.
Él tiene un trabajo aburrido.

O después del verbo «to be»:

My job is relaxing.
Mi trabajo es relajante.

Her job is interesting.
Su trabajo (de ella) es interesante.

Con respecto al trabajo, las personas pueden ser:

hardworking
trabajador/a

reliable   fiable

responsible responsable

efficient   eficiente

creative   creativo/a

lazy holgazán/a

They are efficient workers.
Son trabajadores eficientes.

He is hardworking and reliable.
Es trabajador y fiable.

Todos los adjetivos que hemos tratado pueden ir precedidos por un intensificador, como «very».

I have a very dangerous job.
Tengo un trabajo muy peligroso.

She is very creative at work.
Ella es muy creativa en el trabajo.

58 El alfabeto / The alphabet

Es importante aprender las distintas letras del alfabeto, ya que así podremos deletrear o pedir que deletreen palabras.

Para pedir que alguien deletree una palabra se usan las siguientes expresiones:

[to spell: deletrear]

Can you spell .....?
(informal)
¿Puedes deletrear........?

Could you spell...?
(formal)
¿Podría usted deletrear...?

How do you spell...?
¿Cómo se deletrea...?

La respuesta se dará letra a letra, excepto cuando encontremos dos letras iguales seguidas. En ese caso cabe la posibilidad de decirlas letra a letra, o bien usando «double + letra»:

Por ejemplo:

Can you spell the word «book»?
Yes. B-O-O-K
(bi-dábel ou-kei).

¿Puedes deletrear la palabra «book»?
Sí. B-O-O-K.

59 Peticiones / Requests

Como ya hemos visto, cuando queramos pedir o solicitar algo usamos «can» y «could».

Por ejemplo:

Can I speak to Ellen, please?
¿Puedo hablar con Ellen, por favor?

Could you spell your name, please?
¿Podría deletrear su nombre, por favor?

«Can» se usará en una situación más informal y «could» en otra más formal.

Para responder a estas preguntas afirmativamente podemos decir:

De una manera informal: «Sure» (claro), «OK», «Yes»...

- Can I speak to Jaime?
- ¿Puedo hablar con Jaime?

- Sure. Hold on.
- Claro (seguro). Espera.

De una manera formal: «Of course» (por supuesto), «Certainly» (claro)...

- Could I speak to Mr. Lopez, please?
- ¿Podría hablar con el Sr. Lopez, por favor?

- Certainly. I'll put you through to him.
- Claro. Le paso con él.

Algunos ejemplos más:

- Can you repeat that, please?
- ¿Puede repetir, por favor?

- Sure.
- Claro.

- Could you spell your name, please?
¿Podría deletrear su nombre, por favor?

- Of course. L-U-I-S.
Por supuesto. L-U-I-S.

Hemos de tener en cuenta que la palabra «name» puede significar «nombre» o «apellido».

Nombre	Apellido
Name	Surname
Name	Last name
First name	Name (Family name)

"Teacher, ¿Cuáles son las expresiones más comunes cuando hablamos por teléfono?"

60 Lenguaje telefónico / Telephone Etiquette

Cuando hablamos por teléfono solemos utilizar un vocabulario y unas expresiones particulares.

Por ejemplo:

Para pedir hablar con alguien:

Can I speak to Therese?
¿Puedo hablar con Therese?

Could I speak to Therese James, please?
¿Podría hablar con Therese James, por favor?

I'd like to speak to Therese , please.
Quisiera (me gustaría) hablar con Therese, por favor.

Para preguntar quién llama:

Who's calling?
¿Quién llama? /
¿De parte de quién?

Para identificarse uno mismo no se utiliza «I am...», sino «This is...»:

- Who's calling?
¿Quién llama?

- This is Carlos Pérez.
Soy (habla) Carlos Pérez.

Cuando solicitamos que nos transfieran la llamada a otra persona:

Could you put me through to Guillermo Bates, please?
¿Podría pasarme con Guillermo Bates, por favor?

Cuando pedimos hablar con alguien que ha atendido el teléfono, éste identifica diciendo: «Speaking» (soy yo, al habla).

- I'd like to speak to Mr. Evans, please.
- Quisiera hablar con el Sr. Evans, por favor.

- Speaking.
- Al habla (soy yo).

Para indicar el motivo de la llamada se puede usar:

I'm calling about a job interview.
Llamo por una entrevista de trabajo.

Cuando nos transfieren la llamada a otra persona nos dirán:

Just a moment. I'll put you through (to him).
Un momento. Le paso (con él).

Just a minute. I'll transfer your call.
Un momento. Le paso su llamada.

Si se dice que la otra persona espere en línea:

Hold on, please.
Espere, por favor.

Hold on a moment, please.
Espere un momento, por favor.

Could you hold a minute?
¿Podría esperar un momento?

61 Peticiones formales – Formal requests

Ya hemos visto alguna expresión de petición formal (could), pero también se puede solicitar algo por medio de «I would like to + infinitivo» (quisiera, me gustaría). En este caso no realizamos una pregunta, sino que se trata de una oración afirmativa. Esta expresión se suele utilizar de forma contraída: «I'd like to».

I'd like to speak to Mr. O'Neal, please.
Quisiera (me gustaría) hablar con el Sr. O'Neal, por favor.

I'd like to have a meeting with him.
Me gustaría tener una reunión con él.

Pero puede haber más sujetos:

He'd like to see her.
A él le gustaría verla.

We'd like to leave a message.
Nos gustaría dejar un mensaje.

62 Números telefónicos / Telephone numbers

Para decir un número telefónico hemos de hacerlo número por número.

El número «0» puede decirse «o» (/ou/, como la letra «o»), o bien «zero». Cuando el número contenga dos número iguales seguidos podemos decirlos uno a uno, o bien «double + número».

What's your phone number?

It's 908 417 33 86
(nine-zero-eight-four-one-seven-three-three-eight-six)

It's 908 417 33 86
(nine-o-eight-four-one-seven-double three-eight-six)

De una manera formal también nos pueden preguntar el número de teléfono con el verbo «to give»:

Could you give me your phone number, please?

¿Podría darme su número de teléfono, por favor?

63 Deletreo / Spelling

Cuando se deletrea una palabra hay letras que suenan de forma parecida y pueden llevar a confusión, especialmente por teléfono. Para evitarlo se usa esta fórmula:

«S» as in Sam
«S» de Sam

«T» as in «Tom»
«T» de Tom

- My last name is Cort.
- Mi apellido es Cort.

- Could you spell it, please?
- ¿Podría deletrearlo, por favor?

- Certainly. C as in California, O as in Oklahoma, R as in Rhode Island, T as in Texas.
- Por supuesto. C de California, O de Oklahoma, R de Rhode Island, T de Texas.

64 Los días de la semana / The days of the week

Los días de la semana son:

Monday	lunes
Tuesday	martes
Wednesday	miércoles
Thursday	jueves
Friday	viernes
Saturday	sábado
Sunday	domingo

Los días de la semana siempre se escriben con letra mayúscula en inglés (no así en español).

65 Los verbos «to take» y «to leave»

El verbo «to take», entre otros significados, equivale a «tomar» y «to leave» es «dejar». En lenguaje telefónico los usaremos mucho cuando hablemos de mensajes. Por ejemplo:

Can I take a message?
¿Puedo tomar un mensaje?

Can I leave a message for him?
¿Puedo dejar un mensaje para él?

66 Tratamientos formales / Addressing someone formally

Hay tratamientos de cortesía que se utilizan comúnmente en el idioma, tanto oral como escrito. Por ejemplo:

Mr. (/míster/) se utiliza con el apellido de hombres adultos y equivale a **Sr. (señor).**

Mrs. (/míziz/) se utiliza con el apellido de mujeres casadas y equivale a **Sra. (señora).**

Miss (/mis/) se utiliza con el apellido de mujeres solteras y equivale a **Srta. (señorita).**

Ms. (/miz/) se utiliza con el apellido de una mujer adulta, sin definir su estado civil y equivale a **señora o señorita.**

Mr. White is our boss.
El Sr. White es nuestro jefe.

Mrs. Hamilton has a dog and a fish.
La Sra. Hamilton tiene un perro y un pez.

Is Miss Crawford in the office?
¿Está la Srta. Crawford en la oficina?

Sir o Madam (coloquialmente ma'am) se usan para dirigirnos a un hombre o a una mujer, respectivamente, de manera respetuosa. Son palabras especialmente usadas por los empleados de restaurantes, hoteles, etc ...

Por ejemplo:

Goodbye, sir!
¡Adiós, señor!

Good morning, ma'am!
¡Buenos días, señora!

Pero cuando hablamos a alguien de un señor o de una señora no usamos los términos «sir» y «ma'am», sino «lady» (dama, señora) y «gentleman» (caballero, señor).

Por ejemplo:

This lady is our instructor.
Esa señora es nuestra instructora.

That gentleman is very polite.
Ese señor es muy cortés.

"Teacher, ¿Cómo hago para preguntar la hora?"

67 Preguntar y responder acerca de la hora / Asking about the time

Para preguntar la hora decimos:

What time is it?
¿Qué hora es?

What's the time?
¿Qué hora es?

Y para responder a esta pregunta, podemos decir:

It's twenty after two
Son las dos y veinte.

Como vemos en el ejemplo, primero expresamos los minutos y luego las horas.

Entre los minutos y las horas usaremos «after», si el minutero está entre las 12 y las 6, o «to», si el minutero está entre las 6 y las 12, es decir, «after» corresponde a «y» y «to» corresponde a «menos».

La forma completa es: It's + minutos + after / to + hora

It's ten after one.
Es la una y diez.

It's five to four.
Son las cuatro menos cinco.

Para marcar las horas en punto: It's + hora + o'clock

2:00
It's two o'clock
Son las dos en punto

9:00
It's nine o'clock
Son las nueve en punto

Al decir la hora de esta manera, usaremos «am» (/ei em/) desde las 12 de la noche hasta las 12 del mediodía y «pm» (/pi em/) desde las 12 del mediodía hasta las 12 de la noche, para evitar ambigüedades.

It's twenty-five to five
a.m.
Son las 5 menos 25 de la mañana.

It's twenty-five to five
p.m.
Son las 5 menos 25 de la tarde.

Para marcar las horas y media:
It's + half past + hora

11:30
It's half past eleven.
Son las once y media.

4:30
It's half past four.
Son las cuatro y media.

En algunos países de lengua inglesa se utiliza «past» en lugar de «after»:

7:20
It's twenty past seven.
Son las siete y veinte.

Para marcar los cuartos: It's + a quarter + after / to + hora

8:15
It's a quarter after eight.
Son las ocho y cuarto.

2:45

It's a quarter to three.
Son las tres menos cuarto.

Pero las horas también pueden decirse como aparecen en relojes digitales, o sea, diciendo la hora y luego los minutos, sin decir nada entre ambos.

Por ejemplo:

2:15
It's two fifteen.
Son las dos quince.

6:55
It's six fifty-five.
Son las seis cincuenta y cinco.

9:30
It's nine thirty.
Son las nueve treinta.

Cuando queramos expresar exactitud en una hora usaremos «sharp»:

The office opens at nine o'clock sharp.
La oficina abre exactamente a las nueve.

Más ejemplos:

10:05
It's five after ten.
It's ten five.
Son las diez y cinco.

12:35
It's twenty-five to one.
It's twelve thirty-five.
Es la una menos veinticinco.

3:50
It's ten to four.
It's three fifty.
Son las cuatro menos diez.

6:30
It's half past six.
It's six thirty.
Son las seis y media.

7:10 a.m.
It's ten after seven a.m.
It's seven ten a.m.
Son las siete y diez de la mañana.

8:15 pm
It's a quarter after eight p.m.
It's eight fifteen p.m.
Son las ocho y cuarto de la noche.

4:05
It's five after four.
It's four o five.
Son las cuatro y cinco.

De esta manera podemos preguntar y decir la hora, así como la hora en que tiene lugar algún evento o acción. En este caso, aparece la preposición «at» (a las).

What time is it? It's twenty-five to six.
¿Qué hora es? Son las seis menos veinticinco.

What time is the game?
It's at nine o'clock.
¿A qué hora es el juego?
Es a las nueve en punto.

What time do you get up?
I get up at seven thirty.
¿A qué hora te levantas?
/ Me levanto a las siete y
media.

The class is at a quarter
after four.
La clase es a las cuatro y
cuarto.

68 El artículo determinado (the) / Using the article "the"

El artículo determinado «the»
significa «el, la, los, las», es
decir, se usa tanto para el
masculino y femenino, como
para el singular y plural.

the car, the cars
el auto, los autos

the house, the houses
la casa, las casas

«**The**» se utiliza:

Cuando el hablante y el oyente conocen aquello que se trata:

The movie is fun.
La película es divertida
(todos saben qué película)

Al referirnos a algo mencionado anteriormente:

These are my children.
The boy is Michael.
Éstos son mis hijos. El niño es Michael.

Al hablar de algo único:

He is the president.
Él es el presidente.

I can see the sea from here.
Puedo ver el mar desde aquí.

Con nombres de hoteles, restaurantes, museos, periódicos, teatros, etc.

I work at the Plaza Hotel.
Trabajo en el Hotel Plaza.

I often read the Miami Herald.
A menudo leo el Miami Herald.

"Teacher, ¿cómo de dicen los meses del año?"

69 Los meses del año / The months of the year

En inglés los meses del año se escriben siempre con letra mayúscula y son los siguientes:

January	enero
February	febrero
March	marzo
April	abril
May	mayo
June	junio
July	julio
August	agosto
September	septiembre
October	octubre
November	noviembre
December	diciembre

70 Ausencia de artículo / Phrases without article

Al referirnos a un nombre de manera general:

Money is important.
El dinero es importante.

Dogs are nice animals.
Los perros son animales bonitos.

Con los días de la semana y las estaciones del año se dice así:

The classes are on Mondays and Wednesdays.
Las clases son los lunes y miércoles.

It usually snows in winter.
Normalmente nieva en
(el) invierno.

Con la hora:

It's five o'clock.
Son las cinco en punto.

The game is at 2:30.
El juego es a las 2:30.

En algunas expresiones:

watch television:
ver la televisión

I never watch television
at night.
Nunca veo la televisión
por la noche.

have breakfast:
desayunar (tomar el
desayuno)

have lunch:
almorzar (tomar el
almuerzo)

have dinner:
cenar (tomar la cena)

She is having breakfast.
Ella está desayunando
(tomando el desayuno).

Cuando el verbo «to play»
significa «jugar» no se usa
«the» junto al juego o deporte,
pero si significa «tocar»
(música), el artículo sí aparece
junto al instrumento:

I want to play soccer.
Quiero jugar al fútbol.

He plays the drums in a band.
Él toca la batería en una banda.

Ante una persona con título o tratamiento tampoco se usa artículo:

Mr. Lopez
El Sr. López

President Sánchez
El presidente Sánchez

Mrs. Brown is tall and pretty.
La Sra. Brown es alta y bonita.

71 Preposiciones de tiempo (in, on, at) / Prepositions of time (in, on, at)

«In», «on» y «at» son preposiciones muy usadas en expresiones de tiempo.

"In" se usa:

Con meses, estaciones y años:

The test is in May.
El examen es en mayo.

It's hot in summer.
Hace calor en verano.

He was born in 1985.
Él nació en 1985.

Con partes del día:

in the morning
por la mañana

in the afternoon
por la tarde

in the evening
por la tarde/noche

pero:

at night
por la noche

They get up early in the morning.
Ellos se levantan temprano por la mañana

"On" se usa:

Al referirnos a un día o a una fecha determinada:

I go to the gym on Mondays.
Voy al gimnasio los lunes.

My birthday is on August 15th.
Mi cumpleaños es el 15 de agosto.

Si nos referimos a un día y a una parte de ese día, se usa «on», pero desaparece «in the» delante de la parte del día:

I usually go out on Saturday evenings.
Normalmente salgo los sábados por la noche.

How can I get to the library?

¿Cómo puedo llegar a la biblioteca?

How can I get to the stadium?

¿Cómo puedo llegar al estadio?

How can I get to the museum?

¿Cómo se va (puedo llegar) al museo?

73 Órdenes / Commands

El imperativo es la estructura que usamos para dar órdenes o instrucciones. Se forma con el infinitivo del verbo, sin ningún pronombre delante.

Open the door!
¡Abre la puerta!

Shut up!
¡Cállate!

Shake before use.
Agitar antes de usar.

Cuando se quiera dar una orden o instrucción negativa hay que añadir «don't» delante del infinitivo:

Don't open the door!
¡No abras la puerta!

Don't say that!
¡No digas eso!

Don't call before six.
No llame antes de las seis.

74 Números del 60 al 999 / Numbers from 60 to 999

60	sixty
70	seventy
80	eighty
90	ninety
100	one hundred / a hundred
101	one hundred one
200	two hundred
227	two hundred twenty-seven
300	three hundred
400	four hundred
500	five hundred
600	six hundred
700	seven hundred
800	eight hundred
871	eight hundred seventy-one
900	nine hundred
999	nine hundred ninety-nine

La palabra «hundred» (cien) no tiene plural cuando le precede un número:

Por ejemplo:

I have four hundred eighty-five dollars.
Tengo cuatrocientos ochenta y cinco dólares.

506   five hundred six

178   one / a hundred
         seventy-eight

644   six hundred
         forty-four

431   four hundred
         thirty-one

Hay países de lengua inglesa en los que se añade «and» entre «hundred» y las decenas:

Por ejemplo:

I have four hundred and eighty-two dollars.

75 Preguntar por lugares / Asking for directions (cont.)

Cuando se indica cómo llegar a un lugar, se suelen utilizar las siguientes expresiones:

To go up the street
seguir la calle

To go straight ahead / on
seguir adelante / derecho

To go across the street
cruzar la calle

To go / walk (up) to...
ir hasta...

To turn right / left
doblar a la derecha / izquierda

To take the second right / left
tomar la segunda calle a la derecha / izquierda

Go straight ahead, take the second right, go across the street, turn left, go up to the square and there is the post office.
Siga adelante, tome la segunda calle a la derecha, cruce la calle, dé vuelta a la izquierda, vaya hasta la plaza y allí está la oficina de correos.

76 El número «0» / The number «0»

Veamos dos formas de decir y escribir este número:

zero

(pronúnciese /zírou/)

se utiliza en términos matemáticos, científicos o para decir la temperatura.

The temperature is 0°C (zero degrees Celsius).
La temperatura es 0°C.

o

(pronúnciese /ou/)

se usa para la hora, direcciones, habitaciones de hotel, etc.

It's 6:05 (six o five).
Son las seis y cinco.

Como ya aprendimos en una unidad anterior, tanto «zero» como «o» se usan para decir números telefónicos:

My phone number is 748 930 2115

(seven-four-eight nine-three-zero/o two-one-one-five)

77 Expresiones de lugar / Describing places

Estos adverbios se utilizan para describir la ubicación de un lugar. Algunos de ellos son:

near   cerca (de)

far (from)   lejos (de)

next to   junto a, al lado de

behind   detrás (de)

in front (of)   delante (de)

across from   enfrente de

between   entre (dos)

on the corner   en la esquina

Por ejemplo:

The store is on the corner.
La tienda está en la esquina.

The clinic is between the bakery and the school.
La clínica está entre la panadería y la escuela.

There's a pharmacy across from the supermarket.
Hay una farmacia enfrente del supermercado.

My house is next to the dentist's.
Mi casa está junto a la oficina del dentista.

Pero si es una dirección, es decir, calle y número, se usa «at»:

Her house is at 13 King Avenue.
Su casa está en la avenida King, nº 13.

78 Medios de transporte / Means of transport

Her office is near the church.
Su oficina está cerca de la iglesia.

I live far from you.
Yo vivo lejos de ti.

Para referirse a una calle se usa la preposición «on»:

The shopping mall is on Main street.
El centro comercial está en la calle principal.

Para expresar el medio de transporte que utilizamos hacemos uso de «by» (en).

by car	en auto
by taxi	en taxi
by bus	en autobús
by train	en tren
by bicycle	en bicicleta
by plane	en avión

pero:
on foot	a pie

Por ejemplo:

He goes to work by bus.
Él va a trabajar en
autobús.

They come home by car.
Ellos vienen a casa en
auto.

**I can go to your house on
foot.**
Yo puedo ir a tu casa a pie.

79 Hay /
There is - There are

La expresión impersonal «hay»
equivale a las formas «there is»
y «there are».
«There is» se utiliza con
nombres incontables o
nombres contables en singular
y se puede contraer en
«there's»:
**There's some orange
juice in the glass.**
Hay jugo de naranja en el
vaso.

**There is a church on
Colonial Street.**
Hay una iglesia en la calle
Colonial.

«There are» se usa con
nombres contables en plural y
no se puede contraer:

**There are two fire
stations near my house.**
Hay dos estaciones de
bomberos cerca de mi
casa.

En negaciones se usan «there isn't (there is not)» y «there aren't (there are not)»:

There isn't a restaurant there.
No hay un restaurante allí.

There aren't three hotels in the city.
No hay tres hoteles en la ciudad.

Para realizar preguntas se invierte el orden: **Is there...?, Are there ...?**

Is there a museum near here?
¿Hay un museo cerca de aquí?

Are there any bookstores?
¿Hay librerías?

Las preguntas anteriores se pueden responder afirmativa y negativamente de forma corta:

Is there a restaurant near here? Yes, there is.
¿Hay un restaurante cerca de aquí? Sí, lo hay.

Are there any bookstores? No, there aren't.
¿Hay librerías? No, no hay.

> "Teacher, ¿cómo debo hacer para que alguien me llame por mi nombre o por un apelativo?"

80 Llamar a alguien por el nombre / Calling someone by his/her name

Cuando queramos que alguien nos llame por nuestro nombre, o por cualquier apelativo, podemos utilizar cualquiera de las expresiones siguientes:

My name is Robert but please, call me Bob.
Me llamo Robert pero por favor, llámame Bob.

My name is Robert but you can call me Bob.
Me llamo Robert pero me puedes llamar Bob.

My name is Robert but just call me Bob.
Me llamo Robert pero llámame simplemente Bob.

"Teacher, ¿cómo debo conjugar el verbo «to be» en pasado?"

81 El pasado simple del verbo «to be» / Past tense of the verb «to be»

El pasado simple es el tiempo que usamos cuando nos referimos a acciones que ocurrieron en el pasado y ya han concluido. A continuación estudiaremos el pasado simple, tanto de verbos regulares como irregulares, así como del verbo «to be», que se refiere a estados o situaciones que tuvieron lugar en el pasado y ya finalizaron.

El pasado del verbo «to be» tiene dos formas («was» y «were»), según la persona que realizara la acción.

- De manera afirmativa:

I was
yo era, estaba, fui, estuve

you were
tú eras, estabas, fuiste, estuviste / usted era, estaba, fue, estuvo

he was
él era, estaba, fue, estuvo

she was
ella era, estaba, fue, estuvo

it was
(ello) era, estaba, fue, estuvo

we were
nosotros /as éramos, estábamos, fuimos, estuvimos

you were
ustedes eran, estaban, fueron, estuvieron

they were
ellos /as eran, estaban, fueron, estuvieron

Por ejemplo:

I was in Houston in 2014.
Estuve en Houston en 2014.

He was at the party.
Él estuvo en la fiesta.

They were sick last week.
Ellos estuvieron enfermos la semana pasada.

- Para hacer frases negativas utilizaremos «was not (wasn't)» y «were not (weren't)»:

I wasn't there.
Yo no estaba/estuve allá.

You weren't sad.
Tú no estabas triste.

- Para preguntar colocamos «was» y «were» delante del sujeto:

Were you tired after class?
¿Estaban ustedes cansados después de clase?

When was she a painter?
¿Cuándo fue ella pintora?

- En respuestas cortas.

Por ejemplo:

Was Carla a nurse?
¿Era Carla enfermera?

Yes, she was.
Sí, lo era.

No, she wasn't.
No, no lo era.

Were they at work
yesterday?
¿Estuvieron ellos en el
trabajo ayer?

Yes, they were.
Sí

No, they weren't.
No

82 La palabra «right» / The word «right»

La palabra **«right»** se
puede utilizar en diferentes
situaciones y a continuación
vamos a mostrar algunas
expresiones que lo contienen.

«All right» («alright») se utiliza
para mostrar acuerdo. Es
como decir «está bien», «de
acuerdo».

Por ejemplo:

- Is she Argentinian?
- ¿Es ella argentina?

- No, she is Uruguayan.
- No, es uruguaya.

- Ah! Alright.
- Ah, de acuerdo.

«That's right» se usa para confirmar algo que se ha dicho. Equivale a «así es», «eso es».

Por ejemplo:

- So you live in Atlanta.
- Así que vives en Atlanta.

- Yes, that's right!
- Sí, así es.

«Right here» equivale a «aquí mismo», al igual que «right there» a «allí mismo».

Por ejemplo:

Leave this package right here.
Deja este paquete aquí mismo.

You can buy the medicine right there.
Puedes comprar la medicina allí mismo.

«Right now» significa «ahora mismo».

Por ejemplo:

I'm studying electricity right now.
Ahora mismo estoy estudiando electricidad.

«To be right» (I'm right, you're right, he's right....) significa «tener razón».

Por ejemplo:

- Linda looks like Ana.
- Linda se parece a Ana.

- Yes, you're right.
- Sí, tienes razón.

"Teacher, ¿cuáles son los verbos regulares?"

83 El pasado simple de verbos regulares / Past tense of regular verbs

Un verbo es regular cuando su pasado y su participio se forman añadiendo «-ed» al infinitivo del verbo. Tienen una única forma para todas las personas.

- Forma afirmativa del pasado simple.

Por ejemplo:

[**To clean**: limpiar]

I cleaned
yo limpié, limpiaba

you cleaned
tú limpiaste, limpiabas / usted limpió, limpiaba

he cleaned
él limpió, limpiaba

she cleaned
ella limpió, limpiaba

it cleaned
limpió, limpiaba

we cleaned
nosotros/as limpiamos,
limpiábamos

you cleaned
ustedes limpiaron,
limpiaban

they cleaned
ellos/as limpiaron,
limpiaban

Para formar el pasado de un
verbo regular:

La regla general es añadir
«-ed» al infinitivo del verbo:
work-worked.

Por ejemplo:

I worked for that firm.
Yo trabajé para esa firma.

Si el infinitivo acaba en «e»,
sólo se añade «d»: **live-lived**.

She lived in Colorado.
Ella vivió/vivía en
Colorado.

Cuando el infinitivo acaba en
«y»:

Si la «y» tiene delante una
vocal, se añade «ed»:
play-played.

They played rugby.
Ellos jugaron/jugaban al
rugby.

Si la «y» tiene delante una
consonante, cambia a «i» y se
añade «ed»: **study-studied**.

We studied for the test.
Estudiamos para el
examen.

Si el infinitivo acaba en la serie de letras «consonante-vocal-consonante» y la última sílaba es la acentuada, antes de añadir «ed» se dobla la última consonante: **plan-planned.**

I planned my vacation last month.
Planeé mis vacaciones el mes pasado.

Pero si acaba en esa serie de letras y la última sílaba no recibe el acento, sólo se añade «ed»: visit-visited.

I visited my family last week.
Visité a mi familia la semana pasada.

Hay que hacer notar que en algunos países de lengua inglesa, si se cumple esta última regla pero el infinitivo acaba en «l», ésta se duplica antes de añadir «-ed».

cancel
cancelled (cancelar)

travel
travelled (viajar)

- Para hacer frases negativas en pasado usamos el auxiliar «did not (didn't)», que acompañará al verbo en infinitivo (no en pasado):

My mother didn't live in Santa Monica.
Mi madre no vivía/vivió en Santa Monica.

They didn't work in the morning.
Ellos no trabajaron/ trabajaban por la mañana.

- Para realizar preguntas se utiliza **«did»** delante del sujeto y del verbo en infinitivo (no en pasado):

Did you travel to New Mexico last year?
¿Viajaste a Nuevo México el año pasado?

When did she visit her family?
¿Cuándo visitó ella a su familia?

«Did» y **«didn't»** se usan también en respuestas cortas:

Did you like the movie?
¿Te gustó la película?

Yes, I did.
Sí, me gustó.

No, I didn't.
No, no me gustó.

"Teacher, ¿cuáles son los verbos irregulares?"

84 El pasado simple de verbos irregulares / Past tense of irregular verbs

Un verbo es irregular cuando su pasado, su participio, o ambos, no se forman añadiendo «ed» al infinitivo del verbo. Son muchos los verbos que son irregulares en inglés y cada uno con un tipo de irregularidad, por lo que la única regla para aprenderlos será practicarlos y memorizarlos.

Para usarlos de forma afirmativa, se toma el verbo en pasado y éste es igual para todas las personas:

Por ejemplo:

We went to the movies last month.
Fuimos al cine la semana pasada.

She went to Cancun in November.
Ella fue a Cancún en noviembre.

They went to school in the morning.
Ellos fueron a la escuela por la mañana.

I went to bed late.
Me fui a la cama tarde.

En frases negativas, al igual que con los verbos regulares, utilizaremos «didn't» y el infinitivo del verbo.

Por ejemplo:

My parents didn't buy a new television.
Mis padres no compraron un televisor nuevo.

I didn't break the bottle.
Yo no rompí la botella.

She didn't sing her favorite songs.
Ella no cantó sus canciones favoritas.

Our dog didn't eat well.
Nuestro perro no comió bien.

Para hacer preguntas usamos «did» delante del sujeto y del verbo en infinitivo:

Did you see Benito?
¿Viste a Benito?

What did you do?
¿Qué hiciste?

Y en respuestas cortas:

Did you read your emails yesterday?
¿Leíste tus correos electrónicos ayer?

Yes, I did.   Sí

No, I didn't.   No

Al usar el pasado, muchas veces aparecerán también expresiones de tiempo como:

yesterday / ayer

Por ejemplo:

He didn't come to the game yesterday.
Él no vino al juego ayer.

Si decimos «**yesterday**» y una parte del día, no se usan artículos ni preposiciones entre ambas palabras:

They texted me yesterday morning.
Ellos me enviaron mensajes de texto ayer por la mañana.

No: **They texted me yesterday in the morning.**

Did she read yesterday evening?
¿Leyó ella ayer por la noche?

No: **Did she read yesterday in the evening?**

Otros ejemplos:

last week
la semana pasada

last month
el mes pasado

last year
el año pasado

last night
anoche (la pasada noche)

Por ejemplo:

I saw your cousin last week.
Vi a tu prima la semana pasada.

They bought their apartment last year.
Ellos compraron su apartamento el año pasado.

She didn't watch TV last night.
Ella no vio la televisión anoche.

También podemos usar la palabra "ago" precedida de un período de tiempo (hace + período de tiempo/período de tiempo + atrás).

I met your friend two months ago.
Conocí a tu amigo hace dos meses (dos meses atrás).

We sent that letter three weeks ago.
Enviamos esa carta hace tres semanas.

"Teacher, ¿me puede dar algunos ejemplos sobre cómo nombrar los alimentos?"

85 Los alimentos / Food

¡Seguro! Aprendamos un poco de vocabulario acerca de los alimentos:

vegetables	verduras, vegetales
tomato	tomate
cucumber	pepino
cabbage	col
lettuce	lechuga
carrot	zanahoria
spinach	espinaca
onion	cebolla
pepper	pimiento
potato	papa

meat	carne
beef	carne de res
lamb	cordero
chicken	pollo
pork	cerdo
steak	filete
fish and seafood	pescado y marisco
sardine	sardina
tuna	tuna
mussels	mejillones
prawn	langostino
lobster	langosta
dairy products	productos lácteos
milk	leche
cheese	queso

mango	mango
rice	arroz
corn	maíz
flour	harina
egg	huevo
pasta	pasta

butter	mantequilla
cream	nata, crema
yoghurt	yogurt
fruit	fruta
orange	naranja
apple	manzana
banana	banana, plátano
pineapple	piña
grapes	uvas
strawberry	fresa
lemon	limón

86 Nombres contables e incontables / Tangible and intangible things

Los nombres contables son precisamente aquellos que se pueden contar, es decir, los que pueden llevar delante un número; por lo tanto, son aquellos que tienen plural.

a flower
una flor

six cards
seis tarjetas

Los nombres incontables son aquellos que no tienen plural ni pueden ir precedidos por un número; por lo tanto, son aquellos que no se pueden contar.

Entre ellos están los nombres de líquidos, gases, materiales y sustancias en general, nombres abstractos, cualidades, etc.

Por ejemplo:

rice	arroz
chocolate	chocolate
air	aire
bread	pan
sugar	azúcar
money	dinero
love	amor
oil	aceite, petróleo

four oranges
cuatro naranjas

three bushes
tres arbustos

two legs
dos piernas

eleven people*
once personas

* La palabra «**people**», aunque generalmente se traduce por «gente», también es el plural de «**person**», por lo que es contable.

Los nombres incontables hacen conjugar al verbo en 3ª persona del singular (como he, she o it).

Por ejemplo:

Olive oil is expensive but healthy.

El aceite de oliva es caro pero saludable.

There is some sugar on the table.

Hay azúcar en la mesa.

Algunos nombres se pueden contabilizar por medio de otras expresiones:

Por ejemplo:

water – two glasses of water

agua – dos vasos de agua

shampoo – a bottle of shampoo

champú – una botella de champú

cheese – three pieces of cheese

queso – tres porciones de queso

tea – a cup of tea

té – una taza de té

Los nombres, tanto contables como incontables, suelen ir acompañados de unos cuantificadores, que son adverbios y expresiones de cantidad, que trataremos en # 88.

87 Formas de presentar productos / Packaging

Los alimentos se suelen presentar con distintos tipos de envase o contenedor, o bien en ciertas cantidades. Así:

a bag of potatoes
una bolsa de papas

a bottle of wine
una botella de vino

a box of cereal
una caja de cereales

a bunch of grapes
un racimo de uvas

a can of coke
una lata de cola

a carton of milk
un cartón de leche

a dozen eggs*
una docena de huevos

a jar of jam
un bote de mermelada

a loaf of bread
una pieza de pan

a piece of cheese
un trozo (porción) de queso

a six-pack of beer
un pack de seis cervezas

* Esta expresión no usa la preposición «of».

Por ejemplo:

We need to buy a carton of orange juice, a bunch of bananas, two cans of beer, a dozen eggs and a loaf of bread for the dinner.

Necesitamos comprar un cartón de jugo de naranja, un racimo de plátanos, dos latas de cerveza, una docena de huevos y una pieza de pan para la cena.

"Teacher, ¿cuáles son los cuantificadores?"

88 Cuantificadores (some, any) / Quantifiers (some, any)

Los cuantificadores son adverbios que nos indican la cantidad de alguna cosa. En esta unidad trataremos los siguientes:

Some: Se utiliza en frases afirmativas.

Con nombres incontables indica cierta cantidad, es decir, «algo»:

There is some milk in the glass.
Hay (un poco de) leche en el vaso.

Delante de nombres contables también indica cierta cantidad, es decir, «algunos»:

There are some carrots in the fridge.
Hay (algunas) zanahorias en el refrigerador.

«Some» también puede aparecer en preguntas, pero únicamente cuando se pide o se ofrece algo:

Can I have some salt for the steak, please?
¿Me puede dar un poco de sal para el filete, por favor?

Would you like some sauce?
¿Quiere un poco de salsa?

Any: Se usa en frases negativas y preguntas.

En frases negativas:

Delante de nombres incontables equivale a «nada»:

There isn't any flour for the cake.
No hay (nada de) harina para el pastel.

Ante sustantivos contables significa «ningún/a»:

There aren't any shirts in the store.
No hay camisas (ninguna camisa) en la tienda.

Delante de nombres incontables equivale a «algo»:

Is there any milk in the carton?
¿Hay (algo de) leche en el cartón?

Ante sustantivos contables significa «algunos/as»:

Are there any paintings on the walls?
¿Hay (algunas) pinturas en las paredes?

Hay que tener en cuenta que, aunque en español no se traduzcan, en inglés sí que hay que usar "some" o "any" en los casos citados.

"Teacher, ¿cómo debo pedir un producto en una tienda?"

89 Pedir un producto en una tienda / Ordering a product in a store

Cuando se pide un producto en una tienda, se pueden utilizar varias estructuras:

Formal:
I'd like to have / take...
Me gustaría llevarme...

Neutra:
I'll take...
Me llevaré...

Coloquial:
I want...
Quiero...

Por ejemplo:

- **Good morning! I'll take a piece of cake and a bottle of milk.**
- ¡Buenos días! Me llevaré una porción de pastel y una botella de leche.

- **Here you are.**
- Aquí tiene.

- **Thank you.**
- Gracias.

90 Preguntar acerca de cantidades y precios / Asking about quantities and prices

Para preguntar por cantidades se utilizan dos expresiones:

«How much?» con nombres incontables. Equivale a «¿cuánto/a?»:

How much sugar do you want?
¿Cuánta azúcar quieres?

How much cream is there?
¿Cuánta crema hay?

«How many?» con nombres contables. Equivale a «¿cuántos/as?»

How many dishes did you buy?
¿Cuántos platos compraste?

How many people are there?
¿Cuántas personas hay?

Para preguntar el precio de algún producto no se suele utilizar la palabra **«money»**, sino simplemente: How much + is/are ...?

How much is the house?
¿Cuánto vale la casa?

How much are the tickets?
¿Cuánto cuestan los boletos?

91 Uso de la forma «will» para decisiones espontáneas / Using the word «will» to make sponteaneous decisions

Cuando alguien toma una decisión de manera espontánea expresa esa idea con **«will»**, seguido del infinitivo del verbo (sin «to»). La contracción de **«will»** es **«'ll»**.

Por ejemplo:

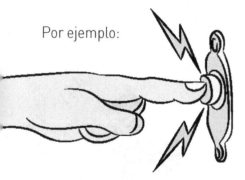

(The doorbell is ringing)
(Suena el timbre).

- I'll open the door.
Abriré la puerta.

- Juan, there aren't any apples.
- Juan, no hay manzanas.

- Okay. I'll buy some.
- Bueno, compraré algunas.

- Carlos, it's raining!
- Carlos, está lloviendo.

- Don't worry. We'll take the umbrella.
- No te preocupes. Llevaremos el paraguas.

92 Usos de «how» / Using «how»

Más adelante estudiaremos muchos usos de **«how»**, pero a continuación veremos tres de ellos:

Para hacer proposiciones u ofrecimientos se utiliza **«how about...?»** (¿Qué te parece...?, ¿Qué tal si...?)

«How about» puede ir seguido de:

Un verbo. En este caso, el verbo será un gerundio (infinitivo + ing).

How about going to the theater?
¿Qué tal si vamos al teatro?

How about eating out tonight?
¿Qué te parece si cenamos fuera esta noche?

En estos casos, la equivalencia en español puede ser también ¿Y...?, ¿Qué tal...?

How about Robert?
¿Qué tal Robert?, ¿Y Robert?

How about you?
¿Y tú?, ¿Qué tal tú?

How about this cell phone?
¿Qué te parece este celular?, ¿Qué tal este celular?

«**How**» también puede ir delante de un adjetivo. En este caso lo usamos cuando mostramos sorpresa.

How nice!
¡Qué bonito!

How interesting!
¡Qué interesante!

How expensive!
¡Qué caro!

How hard!
¡Qué duro!

How terrible!
¡Qué mal! / ¡Qué terrible!

How funny!
¡Qué divertido!

Por ejemplo:

- This is my new computer.
- Esta es mi computadora nueva.

- How nice!
- ¡Qué bonita!

- She went to Brooklyn last year.
- Ella fue a Brooklyn el año pasado.

- How interesting!
- ¡Qué interesante!

- I paid a fortune for this house.
- Pagué una fortuna por esta casa.

- How expensive!
- ¡Qué cara!

Pero «How» también va delante de un adjetivo cuando preguntamos por las características de algo o alguien:

[wide: ancho]

How wide is the road?
¿Qué tan ancha es la carretera?
¿Cuánto mide de ancho la carretera?

[tall: alto]

How tall is your sister?
¿Qué tan alta es tu hermana?
¿Cuánto mide tu hermana?

[far: lejos]

How far is the train station?
¿A qué distancia está la estación del tren?

"Teacher, ¿cómo puedo hacer para expresar cantidades de algo?"

---

93 Expresar mucha o poca cantidad / Expressing quantities

Para expresar mucha cantidad de alguna cosa usamos «much», «many» y «a lot of».

«Much» lo utilizamos con nombres incontables, en frases negativas y preguntas. Equivale a «mucho/a».

Por ejemplo:

There isn't much orange juice in the fridge.
No hay mucho jugo de naranja en el refrigerador.

Is there much ice?
¿Hay mucho hielo?

«Many» lo usamos con nombres contables, en frases negativas y preguntas. Equivale a «muchos/as».

There aren't many pictures on the walls.
No hay muchos cuadros en las paredes.

Do you have many friends on Facebook?
¿Tienes muchos amigos en Facebook?

Pero «many» también puede aparecer en frases afirmativas:

There are many peaches in that basket.
Hay muchos duraznos en esa canasta.

«A lot of» o «lots of» se usan con nombres contables e incontables, en frases afirmativas.

She has a lot of flowers in her garden.
Ella tiene muchas flores en su jardín.

There's a lot of beer in the bottle.
Hay mucha cerveza en la botella.

Lots of children came to the party.
Muchos niños vinieron a la fiesta.

Con el verbo «to like» (gustar) muchas veces aparecen tanto «much» como «a lot» al final de la frase.

I like English very much.
Me gusta mucho el inglés.

She likes swimming a lot.
A ella le gusta mucho nadar.

Para expresar una poca o una pequeña cantidad de alguna cosa usamos «(a) little» y «(a) few».

«A little» se coloca delante de nombres incontables y equivale a «un poco (de)». Se utiliza en frases afirmativas, negativas y en preguntas.

There's a little honey.
Hay un poco de miel.

«A few» se coloca delante de nombres contables y equivale a «unos/as pocos/as». También se utiliza en todo tipo de frases.

There are a few trees in the park.
Hay unos pocos árboles en el parque.

En los ejemplos anteriores vemos que la cantidad que se nos indica es pequeña, pero parece suficiente. Si queremos expresar que alguna cantidad es pequeña y, además, insuficiente, usaremos «little» y «few» en lugar de «a little» y «a few».

There's little honey.
Hay poca miel.
(Necesitaremos más).

There are few trees in the park.
Hay pocos árboles en el parque.
(Debería haber más).

"Teacher, ¿cuáles son los pronombres indefinidos?"

94 Pronombres indefinidos / Indefinite Pronouns

Los pronombres indefinidos son los que utilizamos cuando nos referimos a personas, cosas y lugares, pero no los podemos precisar. Se forman combinando "some" y "any" con "body / one / thing / where".

Los compuestos con «body» y «one» son sinónimos y se refieren a personas, con «thing» a cosas y con «where» a lugares.

Al igual que «some», sus compuestos se utilizan en frases afirmativas.

Sabemos que «some» indica cierta cantidad, luego:

somebody, someone
alguien

something
algo

somewhere
en algún lugar

Por ejemplo:

There's someone at the park.
Hay alguien en el parque.

anything
nada (-)
algo (?)

anywhere
en ningún lugar (-)
en algún lugar (?)

Por ejemplo:

Is there anybody at home?
   ¿Hay alguien en casa?

I don't have anything.
No tengo nada.

I have something in my eye.
Tengo algo en mi ojo.

She left her cell phone somewhere.
Ella dejó su celular en algún lugar.

I can't find my wallet anywhere.
No encuentro mi billetera en ningún lugar.

«Any», como sus compuestos, se usan en frases negativas y en preguntas:

anybody, anyone
nadie (-)
alguien (?)

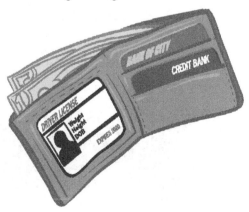

Además de los estudiados, vamos a tratar también los usos de **«every»** y sus compuestos. Todos implican un sentido de totalidad y se utilizan en frases afirmativas, negativas y en preguntas:

everybody, everyone
todos, todo el mundo

everything
todo, todas las cosas

everywhere
en todos los lugares, por todos sitios

Did everybody come to the party?
¿Todos vinieron a la fiesta?

I didn't tell you everything.
No te lo dije todo.

There are people everywhere.
Hay gente por todos sitios.

Hay que tener en cuenta que con un pronombre indefinido el verbo se usa en 3ª persona del singular (como he, she o it).

Somebody is there.
Alguien está allí.

Everybody sleeps at night.
Todo el mundo duerme por la noche.

There isn't anyone at home.
No hay nadie en casa.

"Teacher, ¿cuáles son los números ordinales?"

95 Números ordinales / Ordinal numbers

Los tres primeros números ordinales son los siguientes:

1º	primero	1st	first
2º	segundo	2nd	second
3º	tercero	3rd	third

Como se ve, en la abreviatura de los números ordinales aparece la cifra y las dos últimas letras del ordinal, escrito en letra.

A partir del número cuatro, el ordinal se forma a partir del número cardinal, añadiéndole «th»: número + th.

4º	cuarto	4th	fourth
5º	quinto	5th	fifth
6º	sexto	6th	sixth
7º	séptimo	7th	seventh

8º	octavo	8th	eighth
9º	noveno	9th	ninth
10º	décimo	10th	tenth
11º	undécimo	11th	eleventh
12º	duodécimo	12th	twelfth
13º	decimotercero	13th	thirteenth
14º	decimocuarto	14th	fourteenth
15º	decimoquinto	15th	fifteenth
16º	decimosexto	16th	sixteenth
17º	decimoséptimo	17th	seventeenth
18º	decimoctavo	18th	eighteenth
19º	decimonoveno	19th	nineteenth
20º	vigésimo	20th	twentieth

Pero podemos ver ligeros cambios en algunos números:

five ⟶ fifth

(«-ve» cambia a «–f» antes de añadir «-th»)

eight ⟶ eighth

(al acabar en «t», sólo añade «-h»)

nine ⟶ ninth

(la «e» desaparece antes de añadir «-th»)

twelve ⟶ twelfth

(«-ve» cambia a «–f» antes de añadir «-th»)

twenty ⟶ twentieth

(la «y» cambia a «i» y se añade «-eth»)

Las decenas seguirán el modelo «-ieth»:

30th thirtieth

40th fortieth

50th fiftieth

60th sixtieth

70th seventieth

80th eightieth

¡En números compuestos por

decena y unidad, sólo cambia a ordinal la unidad:

21st   twenty-first

32nd   thirty-second

63rd   sixty-third

85th   eighty-fifth

Los números ordinales se usan para indicar el orden en que sucede algo o la ubicación de las cosas:

This is my second flight to Denver.
Este es mi segundo vuelo a Denver.

Today is her 58th birthday.
Hoy es su 58º cumpleaños.

Take the first right and go straight.
Doble la primera (calle) a la derecha y siga recto.

Con ellos indicamos los

distintos pisos o plantas de un edificio:

My aunt lives on the tenth floor.
Mi tía vive en el décimo piso.

Your room is on the fourth floor.
Su habitación está en el cuarto piso.

Y también se usan para decir

las fechas (aunque en español usemos los números cardinales):

The meeting is on May 17th.
La reunión es el 17 de mayo.

Her birthday is on October 21st.
Su cumpleaños es el 21 de octubre.

The course starts on July 12th.
El curso empieza el 12 de julio.

96 Preposiciones de lugar / Prepositions of place

Anteriormente ya tratamos expresiones de lugar, que ahora ampliamos con más preposiciones:

in	en, dentro de
on	en, sobre
at	en (un punto)
above, over	(por) encima de (pero sin contacto físico)
below	bajo, por debajo de

under	debajo de
in front of	delante de
behind	detrás (de)
across from	enfrente de
next to	junto a
beside	al lado de
near	cerca (de)
between	entre (dos)
among	entre (más de dos)

Por ejemplo:

The laptop is on the table.
La computadora portátil está sobre la mesa.

My room is above the barber's.
Mi habitación está encima de la peluquería.

The temperature is below zero.
La temperatura está bajo cero.

There is a paper shredder under the desk.
Hay una trituradora de papel debajo de la mesa.

The principal is behind you.
El director está detrás de ti.

Her room is next to the bar.
Su habitación está junto al bar.

The dentist's office is between the store and the library.
La oficina del dentista está entre la tienda y la biblioteca.

The manager is among these people.
El gerente está entre estas personas.

Hay que tener cuidado, pues un error común es traducir «in front of» por «enfrente de», cuando, en realidad, es «delante de».

Por ejemplo:

There's a car in front of the hotel.
Hay un auto delante del hotel.

There's a big garden in front of my house.
Hay un gran jardín delante de mi casa.

En algunos países de lengua inglesa se utiliza «opposite» como «enfrente de».

"Teacher, ¿cómo se escriben y dicen las fechas?"

97 Fechas / Dates

Hemos visto que usaremos los números ordinales para las fechas, pero éstas pueden decirse y escribirse de varias maneras.

March 12th / March 12

(March [the] twelfth)

Habitualmente se escribe y se dice primero el mes y después el día:

3/12 (March, twelfth)

6/30/1973 (June, thirtieth, nineteen seventy-three)

Aunque también podemos encontrarnos:

12th March

the twelfth of March

98 Los adverbios «here» y «there»

«Here» (aquí, acá) y **«there»** (allí, allá, ahí) son dos adverbios de lugar.

«Here» se utiliza cuando indicamos que algo está cerca del hablante, o bien un lugar próximo a él:

Por ejemplo:

Come here!
¡Ven aquí!

I work here.
Trabajo aquí.

I went to Bogota because
my mother lives there.
Fui a Bogotá porque mi
madre vive allí.

The pen is there, near the
phone.
El bolígrafo está allí,
cerca del teléfono.

En muchos casos estos
adverbios aparecen en otras
expresiones:

My house is right here.
Mi casa está aquí mismo.

You can buy tickets right
there.
Puedes comprar boletos
allí mismo.

Is there a police station
near here?
¿Hay una estación de
policía cerca de aquí?

I left my gloves over here.
Dejé mis guantes por aquí.

«There» se usa cuando
indicamos que algo está
retirado o alejado del hablante,
o bien un lugar distante de él:

There's an agent waiting
for you over there.
Hay un agente
esperándote por allí.

There is another sandwich place up here.
Hay otro restaurante de sandwiches aquí arriba.

The conference room is up there.
La sala de conferencias está allá arriba.

The pool is down here.
La piscina está aquí abajo.

I can see my car down there.
Puedo ver mi auto allá abajo.

99 En el hotel / At the hotel

En un hotel encontramos:

lobby	lobby
front desk	recepción
desk clerk	recepcionista
rooms	habitaciones
bar	bar
coffee shop	cafetería
giftshop	tienda de regalos
guest	cliente
bell person	botones
elevator	ascensor
laundry	lavandería
amenities	artículos de aseo
bank cards	tarjetas bancarias
traveler's check	cheque de viaje
room service	servicio de habitaciones

Y como objetos que encontramos en recepción:

computer	computadora
printer	impresora
fax machine	fax
telephone	teléfono
photocopier	fotocopiadora
paper	papel
eraser	goma
pen	bolígrafo
pencil	lápiz
stapler	engrapadora
stationery	artículos de oficina
keys	llaves

> "Teacher, ¿me puede dar más ejemplos de verbos irregulares y regulares en inglés?"

100 Listado de verbos irregulares / List of irregular verbs

A continuación se muestra una lista de verbos irregulares con sus formas de pasado simple:

Infinitivo	Significado	Pasado
To be	ser, estar	was/were
To bring	traer	brought
To buy	comprar	bought
To come	venir	came
To do	hacer	did
To drink	beber	drank
To drive	manejar, conducir	drove
To eat	comer	ate

To feel	sentir	felt
To find	encontrar	found
To forget	olvidar	forgot
To get	obtener, llegar	got
To give	dar	gave
To go	ir	went
To have	tener, haber	had
To lose	perder	lost
To make	hacer, fabricar	made
To pay	pagar	paid
To put	poner	put
To read	leer	read
To say	decir	said
To see	ver	saw
To sing:	cantar	sang
To speak	hablar	spoke

To take	tomar, llevar	took
To tell	decir, contar	told
To understand	comprender	understood
To write	escribir	wrote

Listado de verbos regulares /
List of regular verbs

A continuación se muestra una pequeña relación de verbos regulares con sus formas de pasado simple.

Infinitivo	Significado	Pasado
To answer	contestar	answered
To ask	preguntar	asked
To arrive	llegar	arrived
To clean	limpiar	cleaned
To close	cerrar	closed
To cook	cocinar	cooked

To decide	decidir	decided
To enjoy	disfrutar	enjoyed
To explain	explicar	explained
To finish	terminar	finished
To help	ayudar	helped
To like	gustar	liked
To look	mirar	looked
To open:	abrir	opened
To play	jugar, tocar un instrumento	played
To rain	llover	rained
To repeat	repetir	repeated
To stop	parar, detener	stopped
To study	estudiar	studied
To watch	mirar (TV), observar	watched
To work	trabajar	worked

Notas

Notas

Notas

Notas

Notas

TÍTULOS DE INGLÉS
MARIA GARCÍA

INGLÉS DE UNA VEZ
APRENDE INGLÉS DEPRISA
1000 PALABRAS CLAVE
INGLÉS MÓVIL
100 CLASES PARA DOMINAR EL INGLÉS

~•~

EL DESAFÍO DEL INGLÉS
INGLÉS SMS
CIUDADANÍA AMERICANA
PRONUNCIACIÓN FÁCIL:
LAS 134 REGLAS DEL INGLÉS AMERICANO
INGLÉS PARA HACER AMIGOS

~•~

INGLÉS PARA REDES SOCIALES
INGLÉS EN LA ESCUELA
INGLÉS PARA PACIENTES
HABLA SIN ACENTO
INGLÉS DE NEGOCIOS

~•~

INGLÉS PARA VIAJAR
INGLÉS PARA EL AUTO
APRENDE INGLÉS CON LOS FAMOSOS